토마토의 멋진세상

손끝에서 열리는 디지털 세상 스마트하게 살아가기

디지털 리터러시
스마트폰 활용 교재

스마트폰활용지도사가
알려주는
스마트폰 사용 설명서

저자 서영주 서승미

토마토의 멋진세상

디지털 리터러시
스마트폰 활용 교재

발행일	2024년 02월 15일
지은이	서영주 서승미
발행처	도서출판 토마토의멋진세상
발행인	서영주
출판등록	제393-2023-000024호
주소	안산시 상록구 각골로 102 서원302호
대표전화	031-407-0925
홈페이지	www.tomatokorea.com
이메일	ss1454@naver.com

ⓒ 서영주 2024

※ 본 책의 저작권법에 따라 보호를 받는 저작물로 무단전재 및 복제를 금지합니다. 이 책의 내용 전부 또는 일부를 사용하려면 반드시 저작권자의 동의를 받으셔야 합니다.

오십이 넘어 스마트해지고 싶다면

꼭 배워야 할 것이 있습니다.

아들아, 부르지 않고 이제

혼자서도 잘할 수 있습니다.

디지털 리터러시 스마트폰 활용 교재

　우리 눈에 보이고 있는 세상보다 손안에 있는 스마트폰에 펼쳐진 세상이 훨씬 더 크고 방대하다는 사실을 알 것입니다. 점차적으로 커져만 가는 스마트폰 세상을 따라가기 어렵다는 생각을 하면서도 배우는 것은 여간 어려운 것이 아닙니다. 배울 곳을 못 찾는 경우도 있고, 배워도 혼자서 연습하는 것이 어렵기만 했습니다. 그래서 기초부터 실생활에서 많이 사용되고 있는 것을 이 책에 담았습니다.

　손에 들고 있는 핸드폰, 휴대폰, 스마트폰은 같은 뜻을 가진 기기입니다. 어떤 사람은 단순히 전화를 걸고 받는 용도로 사용하고 있습니다. 장소를 검색하거나 내비게이션으로 사용하기도 합니다. 혹은 정보를 검색하고, SNS를 활용하여 홍보하고, 쇼핑도 즐기며, 스마트한 기능을 제대로 사용하는 사람이 있습니다. 우리는 어느 쪽에 해당 될까요?

　이 책은 스마트폰을 제대로 활용하기 위한 방법을 기초부터 담았습니다. 지금부터 200만원을 호가하는 휴대폰의 기능과 사용방법, 앱 활용법을 알아보기로 하겠습니다.

천 리 길도 한걸음부터 ~

처음 보고, 처음 사용해 보는 것은 어렵지만 배워 두면 너무 쉽게 할 수 있습니다. 그리고 알고 나면 언제 그랬나는 듯 능수능란하게 다룰 줄 알게 됩니다. 스마트한 시대에 아들에게, 딸에게 짐이 되지 않고 시대를 앞서가는 칭찬 받는 부모님으로 살게 만들어 드리고 싶어서 시작했습니다. 강의 시간에 수강생분들이 궁금해 했던 것들, 알고 싶어했던 내용들을 담았습니다. 천천히 시작해 보세요.

똑똑한 할머니, 할아버지

여기서 배운 내용을 손주에게 하나씩 가르쳐 주거나 만들어서 카톡으로 보내주세요. 손주 사진도 예쁘게 찍어서 보내주세요. 그러면 '우와, 우리 할머니 똑똑하다. 우리 할아버지 진짜 멋쟁이다.' 소리를 들으실 것입니다.

치매는 물러가라

나이가 들면서 뇌 세포가 죽는 것이 아니라, 활동을 안 하는 것입니다. 우리 뇌는 굉장히 게으르다고 합니다. 우리가 새로운 것을 접하면 '아이 귀찮아' 뇌가 시키는 대로 따라 가는 것이지요. 그걸 자신의 의지로 '안돼, 해야 돼' 라고 명령을 내리면 뇌는 그걸 수행하게 됩니다.

치매, 걱정만 하지 말고 이제부터 손과 머리를 써 보세요. 그럼 시간 가는 줄 모르고 그리고 스마트한 세상을 살게 됩니다. 이 책에 있는 내용을 모두 다룰 줄 알고 사용하다 보면 또 다른 것을 배우고 싶어 하게 될 것입니다.

교재로 활용

  스마트폰활용지도사, 디지털리터러시지도사, 디지털문해교육사, 강사들이 사용하는 기초 교재입니다. 시니어 스마트폰 활용 교육 교재로도 사용할 수 있고, 학생들 미디어 융합교육 기초 과정 교재로도 사용하고 있습니다. 아동, 청소년, 중 장년, 남녀노소 관계없이 올바른 스마트폰 사용과 디지털 세상에서 앞서 나가는 사람이 되시길 바랍니다.

책 사용법

  누가 읽어도 좋고, 아무나 따라해도 좋고, 가정에서 꼭 필요한 디지털 기초 입문 필독서입니다. 처음부터 차근차근 따라 해보세요. 공부하는 방법은 책을 먼저 읽으면서 따라하면 됩니다. 하지만 무슨 내용인지 모를 때는 '서영주강사' 블로그에서 찾아보기 하면 됩니다. '서토마토TV' 유튜브에서도 찾아볼 수 있습니다. 또 한가지 방법은 이미 교육을 한번 받으신 분들에 해당 됩니다. 수업은 들었는데, 생각 나지 않으면 책을 보시면 확실하게 아실 수 있습니다. 스마트폰만 잘 다룰 줄 안다면 디지털 세상에서 살아가기 편하고 빠르게 됩니다.

이제 아들, 딸 부르지 말고 직접 실행해 보세요. 그리고 배웠다면 가족과 친지에게 가르쳐 주세요.

서영주, 서승미 드림

이 책을 읽기 전에

1. 이 책에 설명된 스마트폰 기종은 **삼성 갤럭시 S22** 기준입니다. 삼성 갤럭시에서 공통적으로 사용되는 방법과 순서를 기준으로 작성했지만, 사양이 미치지 못하는 내용이 있을 수 있습니다.

2. 시니어 분들이 보시고 이해할 수 있도록 화면 그대로를 옮겼고, 순서대로 터치할 수 있도록 번호를 매겼습니다.

3. 이 책을 읽는 대상의 기준이 작을 글씨를 읽기 어려운 분들이어서 글씨 사이즈를 최대한 크게 만들었습니다.

4. 혹시 기종이 맞지 않을 경우, 잘 살펴 보면 비슷한 명칭과 표기가 있을 수 있으니 화면을 잘 봐주시기 바랍니다.

5. 앱 활용 시 기본적인 활용만을 담았기 때문에 메뉴를 잘 보시면 많은 기능과 풍성한 콘텐츠를 활용할 수 있습니다.

6. 혹시 더 궁금한 내용이 있으시면 '토마토의멋진세상' 블로그를 보시거나 '네이버 톡톡'으로 문의 남겨 주시면 블로그에 게시해 드립니다.
   http://blog.naver.com/ss1454

① 삼성 갤럭시 스마트폰 기본 익히기

1. 스마트폰 명칭과 기능
2. 스마트폰 기본 사용(전화하기, 받기)
3. 통화 설정(통화녹음, 전화 거절 메시지)
4. 전화번호 저장, 단축번호 설정
5. 문자, 사진 올바르게 보내기
6. 스팸문자, 수신차단, 스팸신고, 차단문자 확인하기
7. 연락처 차단하기, 차단 해제 방법
8. 긴급 연락처, 긴급 SOS
9. 잠금화면 비상 연락처
10. 디스플레이 설정(글자 크기, 화면 해상도, 내비게이션 바)
11. 잠금화면(얼굴, 패턴, 지문) 등록하기

② 스마트폰 카메라 사용 설명서

1. 스마트폰으로 사진 잘 찍는 법
2. 카메라 기본 설정(플로팅, 셀카 글씨 바르게 보이기)
3. 내 얼굴만 잘 보이게 하는 인물 사진
4. 야간촬영, 음식, 파노라마 촬영, 슬로우 모션
5. 필터 사용으로 전문가 처럼 촬영하기
6. 스마트에디터: 콜라주 만들기
7. 스마트에디터: 초간단 동영상 만들기

3 예쁜 사진, 동영상 앱

1. 카메라 설정(워터마크 없애기, 메이크업, 잡티, 전면카메라)
2. 저장 경로 설정
3. 예쁜 셀카사진(크리스마스 분위기 사진)
4. 스타일 선택 촬영
5. 스티커 사진 촬영
6. 뷰티, 예쁜 몸매 설정

4 카카오톡 스마트하게 사용하기

1. 고화질 사진 영상 보내기 설정, 묶어 보내기
2. 단톡방 관리하기: 알림 끄기, 상단 고정, 즐겨찾기
3. 조용한 채팅방
4. 개인정보 가리고 캡처하기
5. 지도(위치), 보내기
6. 카카오톡 책갈피
7. 카카오 선물하기, 나에게 선물하기
8. 위시리스트 만들기와 활용 방법
9. 선물함 보기
10. 송금하기(부의금, 축의금, 용돈 보내기)
11. 1/N 정산하기, 사다리 타기, 정산 완료하기

#

5 키오스크 두렵지 않아요

1. 무인 민원 발급기: 주민등록등본 발급하기
2. 패스트푸드: 햄버거 주문하기
3. 영화관: 영화 티켓 구매
4. 은행 ATM: 송금, 인출, 계좌이체
5. 병원 : 병원 수납 및 처방전, 진료기록부 발행하기
6. 푸드코트: 음식 주문하기, 주차 정산하기

6 디지털 세상 스마트하게 살아가기

1. 스마트폰에 결제카드 등록하기
2. 삼성페이 사용하기
3. 인증 수단 등록
4. 결제카드 추가하기
5. 내 폰에 은행 계좌 등록하기
6. 휴대폰 결제

7 집에서 주문 나도 할 수 있다

1. 배달의 민족
2. 가입하기, 주소 입력
3. 검색하여 음식 결제하기, 주문하기
4. 배달음식 선물하기

8 내 약은 내가 챙겨 먹는다

1. 알약 및 약물알림, 건강 추적기
2. 약 먹는 시간 까 먹지 마세요
3. 병원 가는 날짜 알림 받기
4. 약 떨어지기 1주일 전 알림 설정

9 스마트폰만 있으면 혼자서도 잘가요

1. 앱 없이 코레일 기차 바로 예매하기
2. 집에서 바로 보내는 방문택배
3. 카카오 택시 호출하기, 결제하기

디지털 리터러시
스마트폰 활용 교재

토마토의 멋진세상

1장

삼성 갤럭시 스마트폰 기본 익히기

스마트폰 명칭과 기능

스마트폰 명칭과 기능에 대한 이미지와 설명은 삼성 갤럭시 S22를 기준으로 작성하였습니다.

기종이 다르면 명칭은 같지만 사용 위치와 없는 기능은 다를 수 있습니다.

스마트폰을 사용하면서 기본적으로 알고 사용하면 좋은 내용들을 담아봤습니다.

전화 걸고 받기만 하고 계신 분들에게 꼭 필요한 내용이고 이미 사용하고 있지만 그동안 몰라서 불편했던 내용도 담겨있습니다.

메시지 보내기를 문자만 보내는 것이 아니고 사진도 보내고 보는 사람이 불편하지 않도록 이해하기 쉽도록 보낼 수 있는 방법이 있습니다.

긴급연락처, SOS 기능, 폰을 잃어버리거나 비상 상황 발행 시 알아 두면 좋은 기능을 사용해보면 편리합니다.

스마트폰 각부의 명칭과 기능(S22 울트라)

> 갤럭시 S22 울트라:

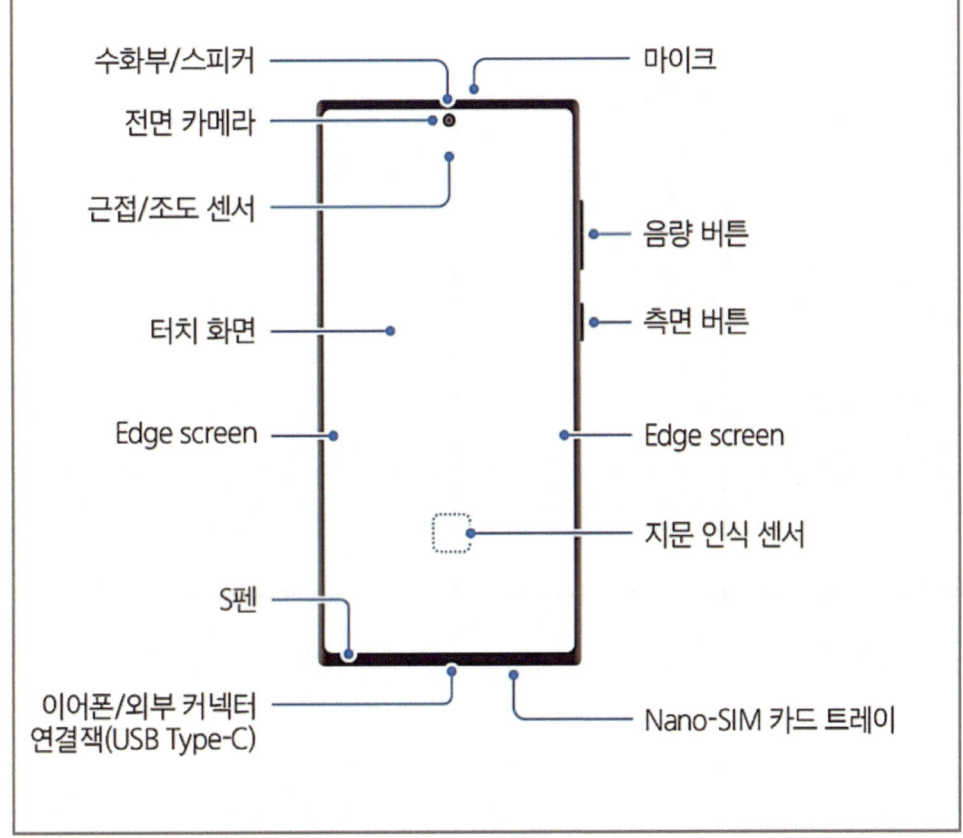

삼성 갤럭시 스마트폰 기능 버튼 위치와 명칭 알아보기

스마트폰 각부의 명칭과 기능(S22 울트라)

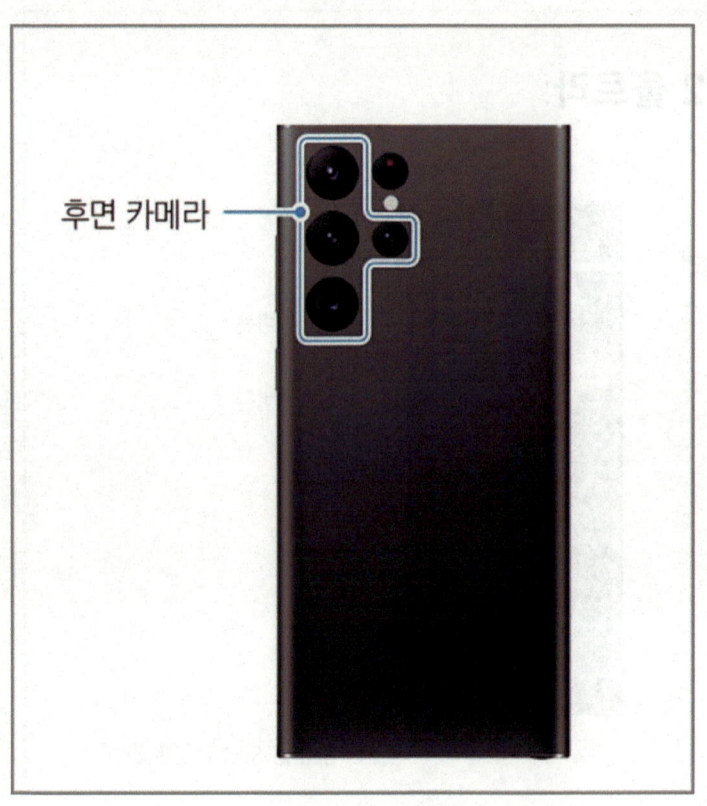

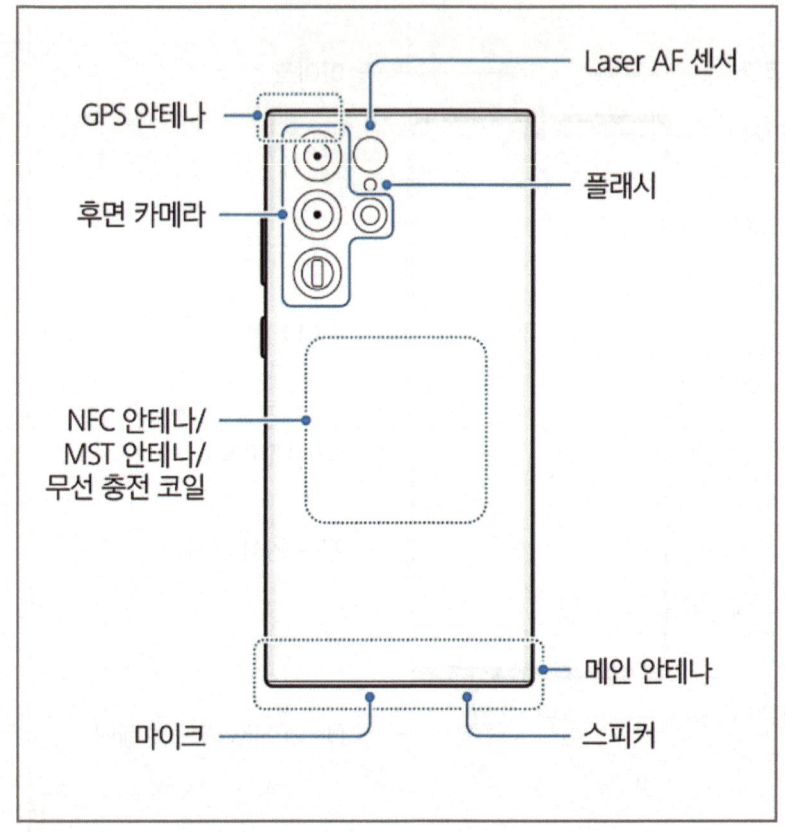

삼성 갤럭시 스마트폰 명칭과 기능

스마트폰 각부의 명칭과 기능(S22, S22+)

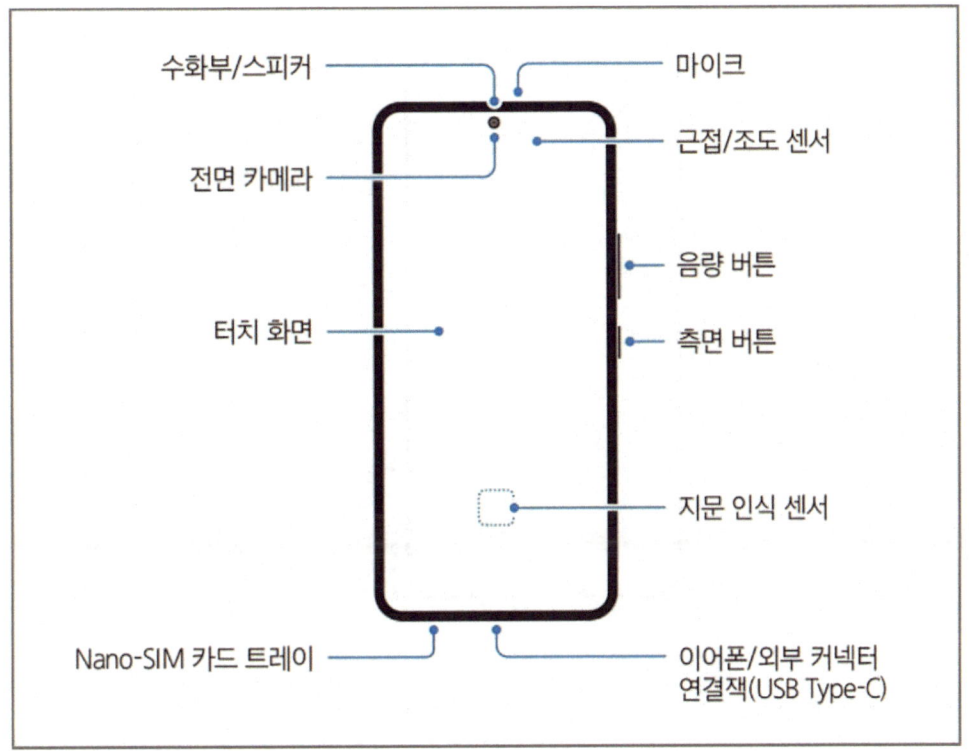

삼성 갤럭시 스마트폰 버튼 알아보기

스마트폰 각부의 명칭과 기능(S22, S22+)

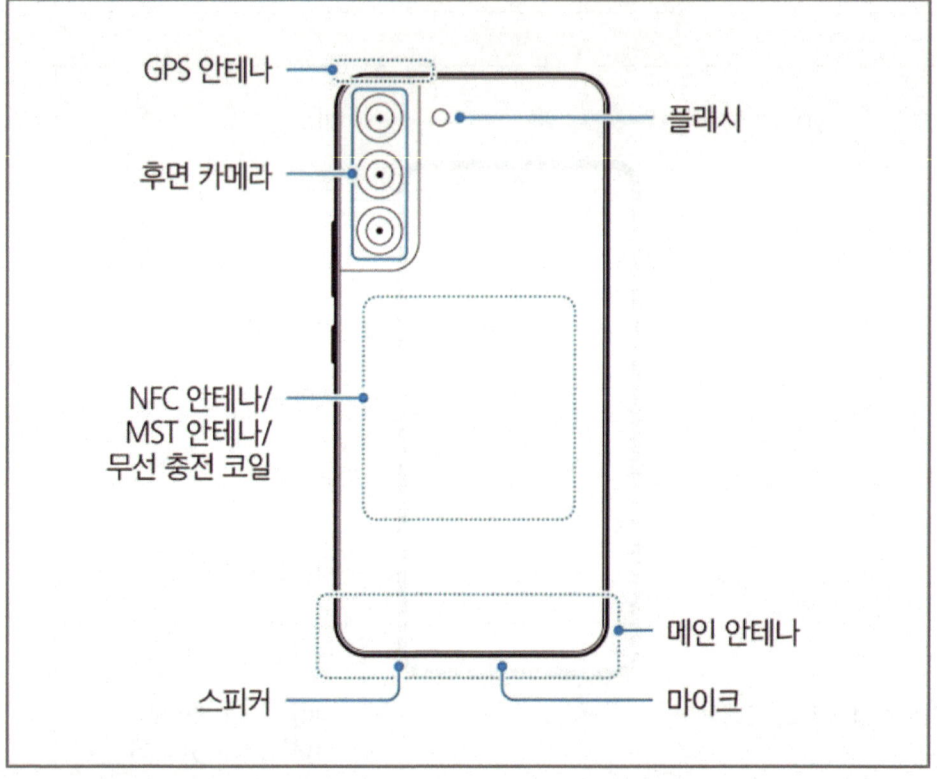

삼성 갤럭시 스마트폰 명칭과 기능

소프트웨어 버튼

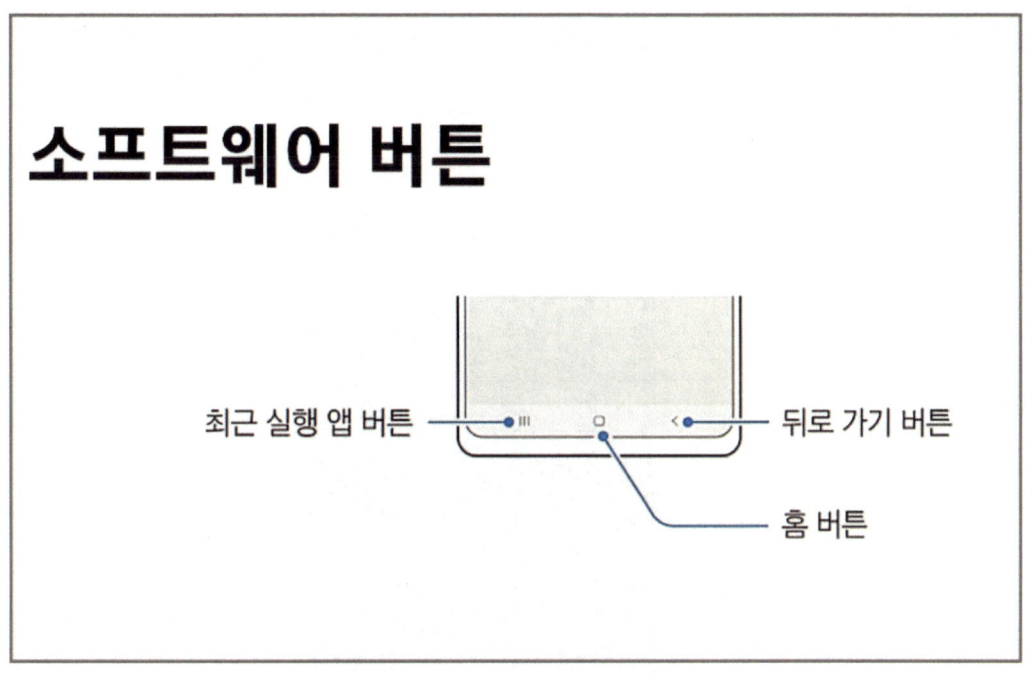

삼성 갤럭시 스마트폰 소프트웨어 버튼은 모델과 관계없이 공통으로 적용됩니다. 상기 그림과 같은 설정은 디스플레이 내비게이션 바에서 선택 가능합니다.

스마트폰 기본 사용하기

전화하기

연락처 저장

문자 보내기

전화 걸고 받기는 단순한 기능입니다. 하지만 모르시는 분들을 위해 작성했고 좀더 똑똑하게 사용하는 방법도 있습니다.

전화 하기

①스마트폰 화면에서 '전화' 아이콘 누르기

②키패드 선택: 연락처나 최근기록에 있을 경우, '키패드'를 눌러 줌

③표시 입력창: 전화번호를 누르면 입력 창에 표시 됨

①전화 번호 입력

②입력한 번호 지우기

③통화하기 버튼:통화 연결

전화(아이콘) – 키패드 – 전화번호 - 통화버튼

전화 하기

①**더보기**: 통화대기, 연락처보기, 메시지 보내기

②**녹음**: 통화 중 대화 내용 녹음

③**영상통화:** 통화 중 영상통화로 전환 가능

④**블루투스**: 블루투스 이어폰, 차량 연동 연결 기능

⑤**스피커**: 통화중 스피커로 통화하면 귀에 대지 않고 편하게 일하면서

⑥**내소리 차단**: 상대방이 들리지 않게

⑦**키패드/ 숨기기**: 통화 하면서 번호를 눌러야 할 때 사용

⑧**통화 종료: 전화 끊기**

통화 중 화면 보기와 기능에 대한 설명

전화 받기와 거절하기

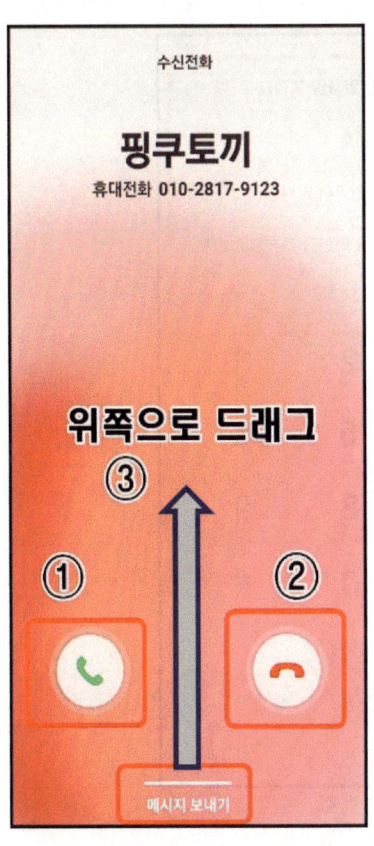

①통화: 우측으로 밀어서 전화 받기

②거절: 좌측으로 밀어서 거절

③메시지 보내기: 위쪽으로 드래그

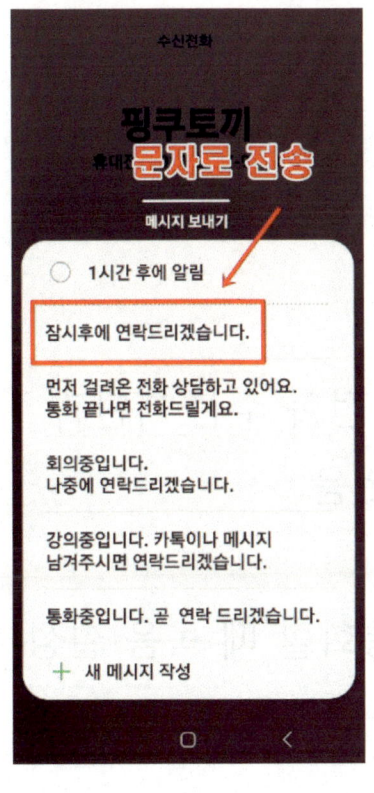

①거절메시지 선택: 거절을 누르면 거절 메시지를 선택해 문자로 보낼 수 있음

통화 중이거나 전화를 받을 수 없을 때, 정중히 거절하는 방법

전화 통화 설정

 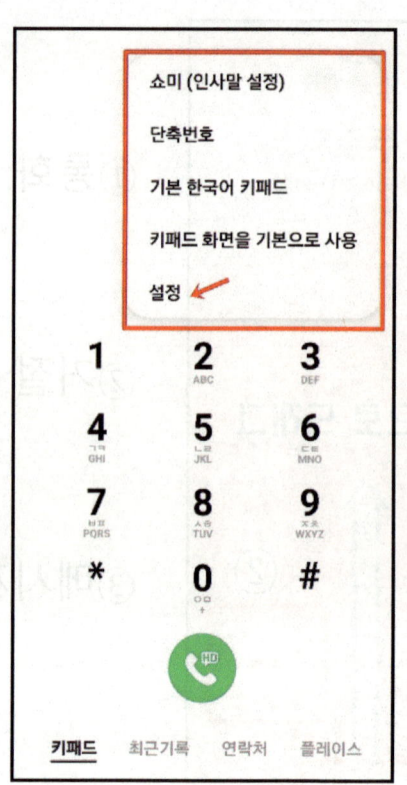

통화 – 키패드 – 더보기(점세개) - 설정

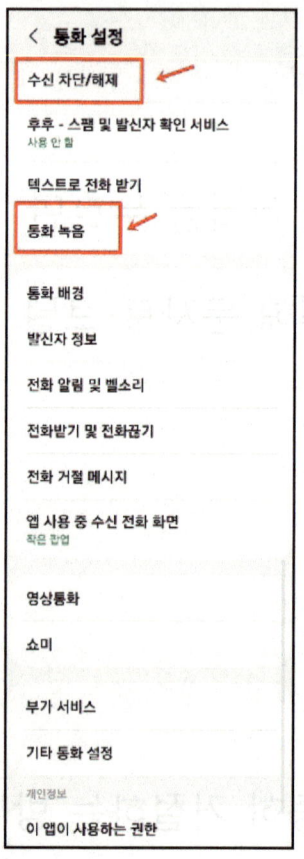

통화 설정

①수신차단 / 해제: 전화 수신 차단과 차단 해제할 수 있음

②통화녹음 설정: 통화할 때 녹음 설정

전화 통화 설정

①발신번호 표시가 뜨지 않는 번호를 차단할 수 있음

②수신 차단된 전화번호를 해제할 수 있음

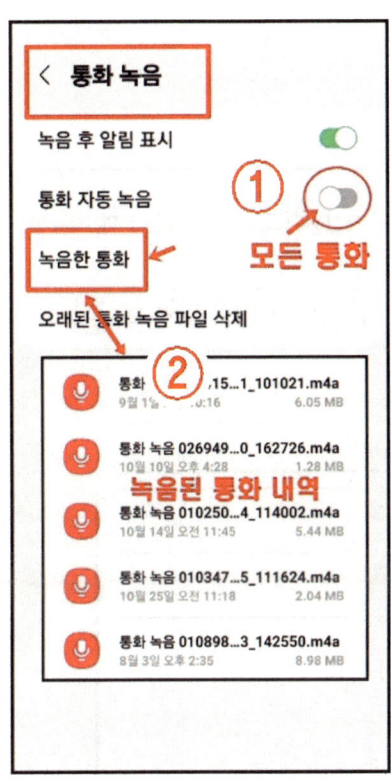

①통화 자동 녹음: 모든 통화를 녹음할 수 있음(자동 녹음을 선택하지 않을 경우, 통화 중에 녹음함)

②녹음한 통화: 녹음 되어있는 통화 내역을 볼 수 있음

전화 거절 메시지 설정

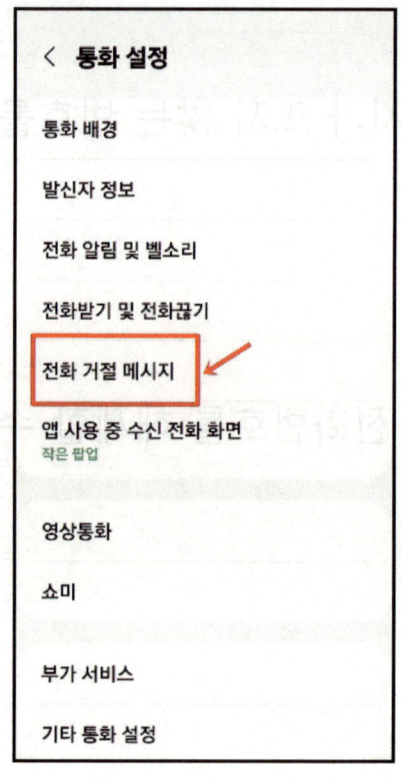 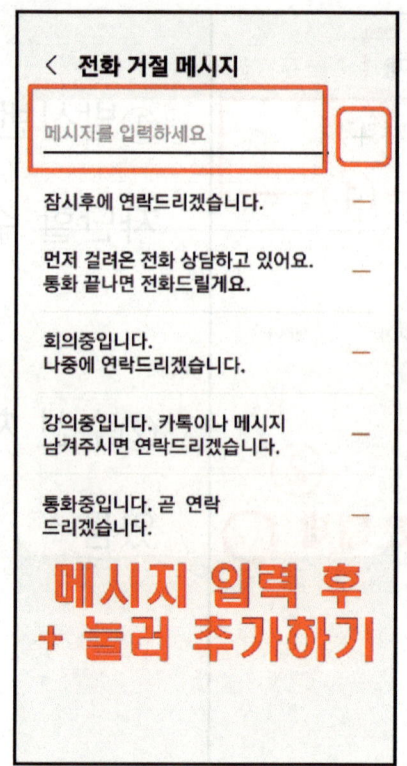

통화설정 – 전화 거절 메시지 – 메시지 추가 또는 삭제

전화 거절 메시지: 전화를 받을 수 없을 때 상대에게 메시지를 전송함

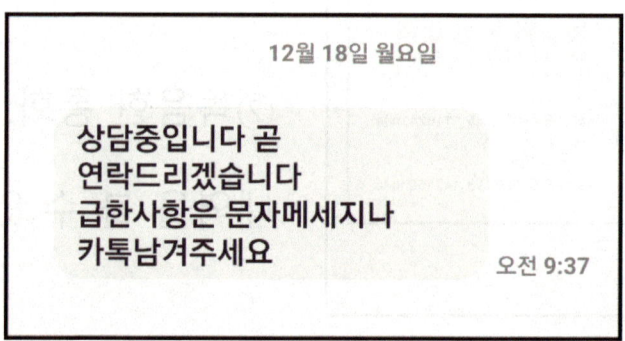

전화 부가 서비스

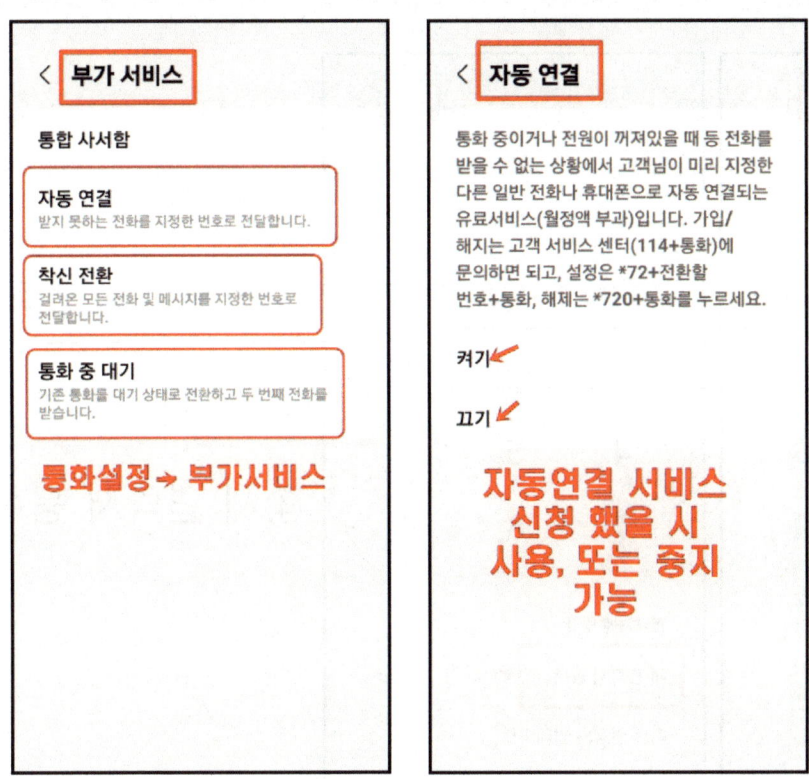

부가 서비스 – 자동연결

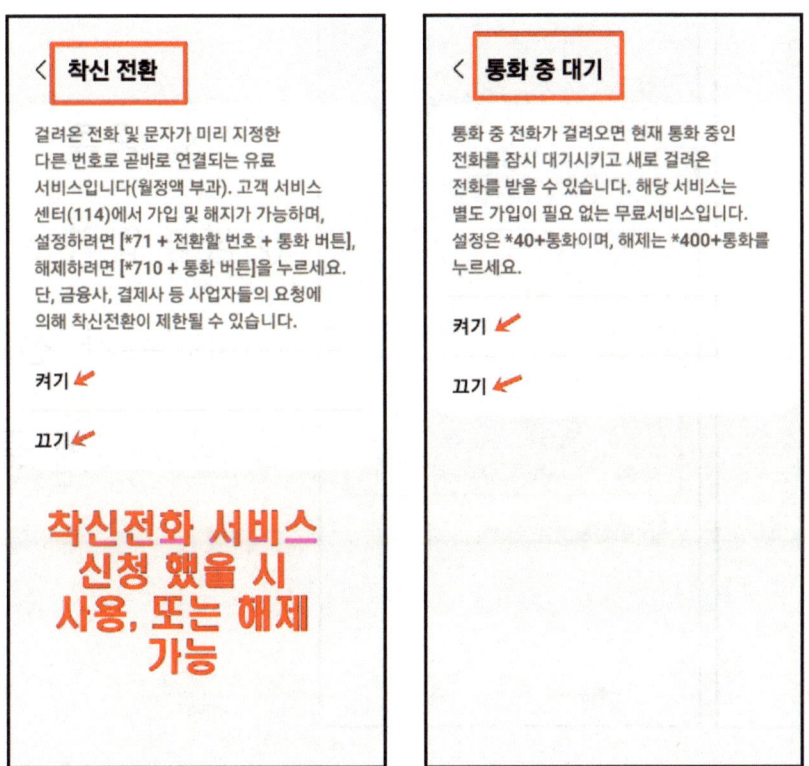

부가 서비스 – 착신전환 – 통화 중 대기

전화 번호 저장하기

①연락처

②전화번호 입력

③'+' 버튼

④새 연락처 등록

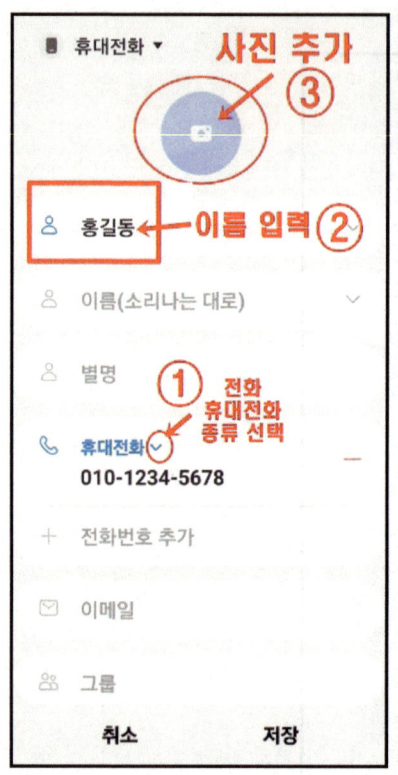 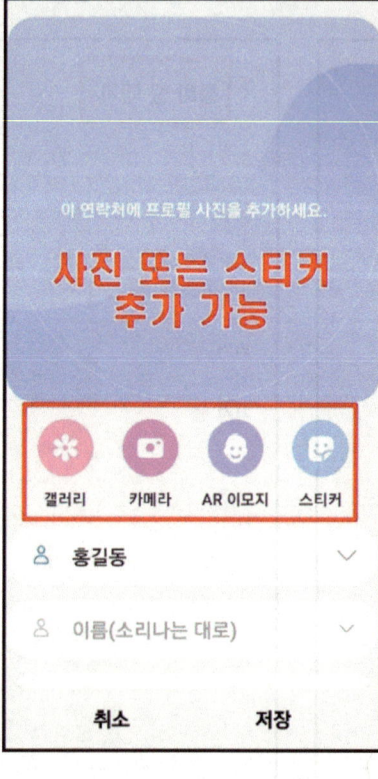

①전화 종류

②성명 입력

③사진추가: 전화 올 때 화면에 뜸

사진추가: 갤러리사진, 촬영, 스티커 등 다양하게 표시 가능

전화 번호 저장 & 단축번호 설정

회사이름, 직책, 주소, 관계, 메모, 기타 인적사항을 입력해 놓으면 유용하게 활용 가능

입력 후 '**저장**'

단축번호 설정

①더보기(점세개)

②단축번호

③단축번호 선택

④이름검색, 선택

단축번호 사용 방법: 키패드에서 단축번호를 길게 누름

문자 메시지 보내기

 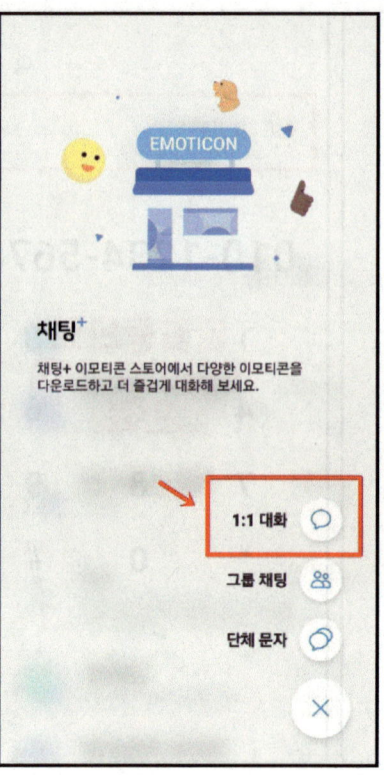

① 문자 아이콘

② 채팅 선택

① 이름 검색

② 받을 분 선택

③ 문자 입력

④ 보내기

문자 – 채팅 선택 – 이름 검색 – 선택 – 문자 입력 - 보내기

사진 메시지 보내기

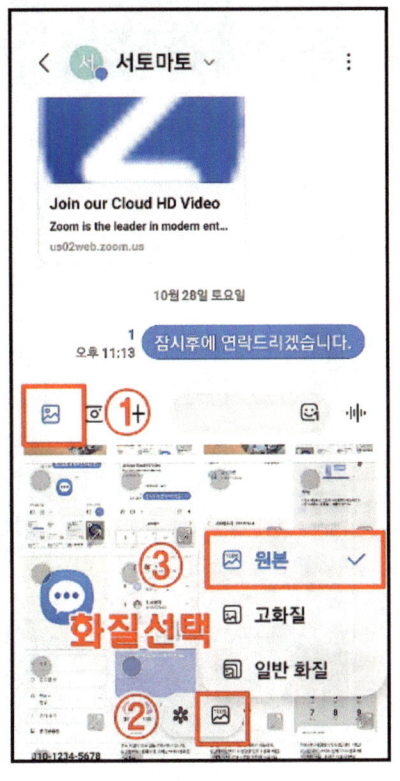 

① 문자

② 갤러리 선택

③ 화질선택

④ 사진선택

⑤ 보내기

보낸 문자에 숫자 '1'이 있으면 확인 안 한 상태이고, 숫자가 없으면 확인한 상태입니다.

사진 촬영해서 메시지 보내기

  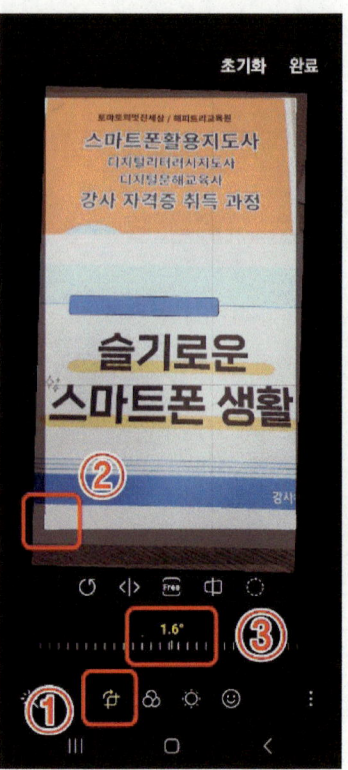

①카메라 모양 선택

②사진 촬영

③사진 터치

④편집(연필 모양 선택)

⑤자르기 선택

　예쁘게 자르기와 틀어진 각도 조절

사진 촬영해서 메시지 보내기

 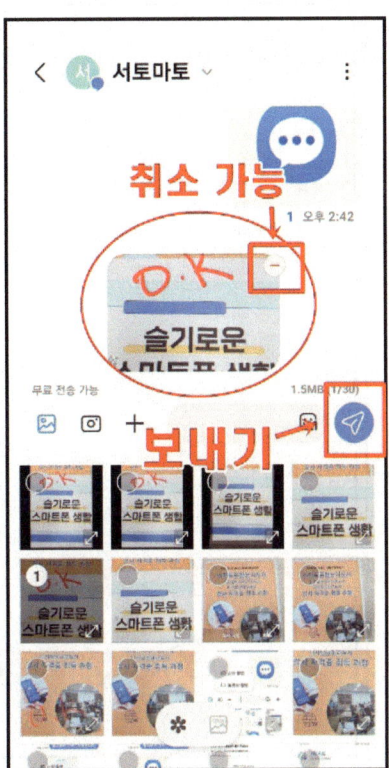

①이모티콘(스티커, 텍스트, 그리기 가능)

②그리기(펜 글씨, 또는 그림 가능)

③보내기

기타: 회전, 꾸미기, 예쁜 필터로 수정 가능

※사진을 받았을 때, 거꾸로 보이면 받는 사람이 불편하다. 받는 사람 입장에서 생각하고 조금만 배려하면 센스있는 사람으로 기억하게 됩니다.

스팸문자 수신 차단

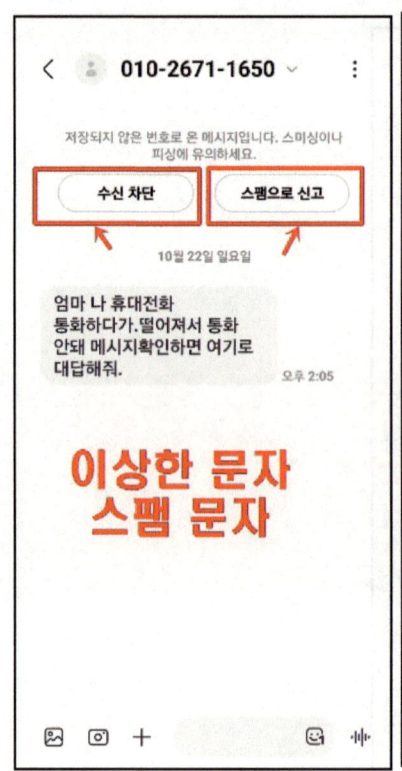
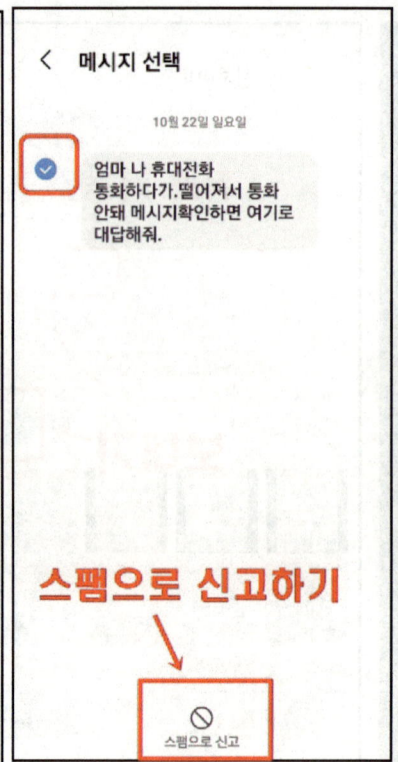
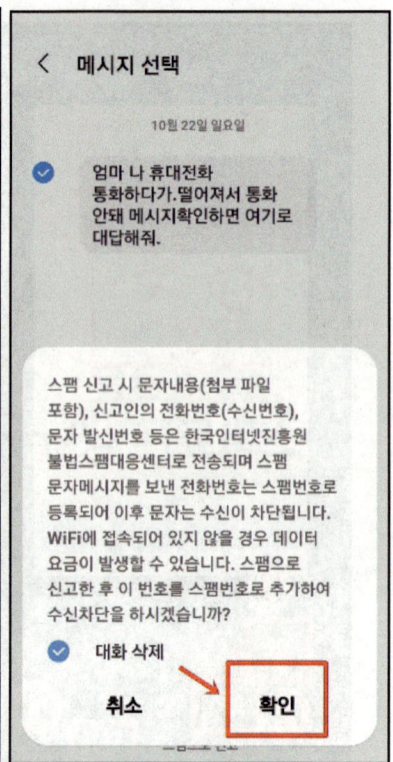
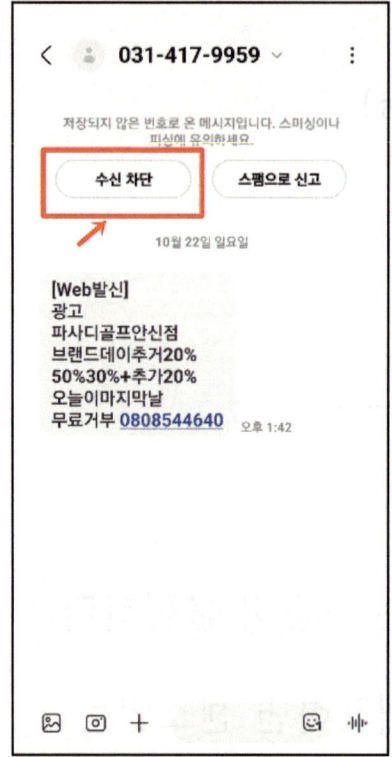
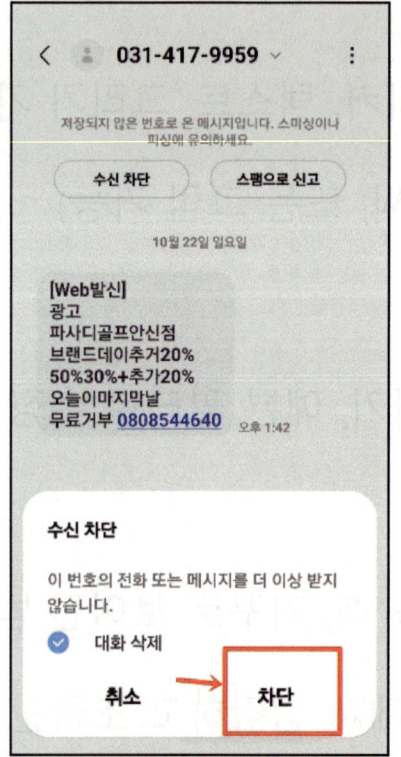

이상한 문자, 피싱 문자 - 스팸으로 신고 또는 수신차단

차단(스팸) 문자 확인하는 방법

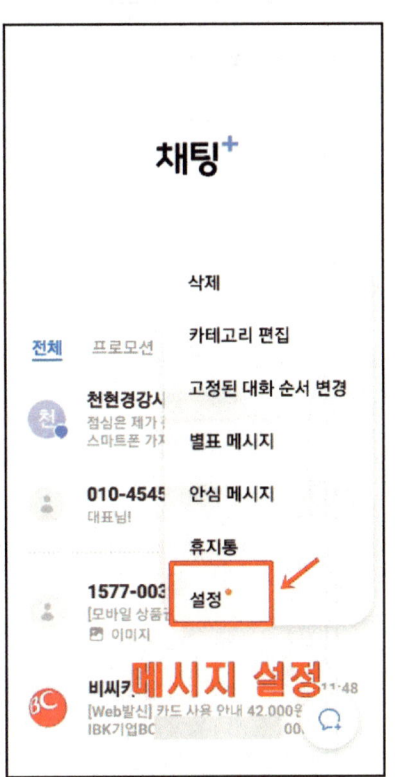
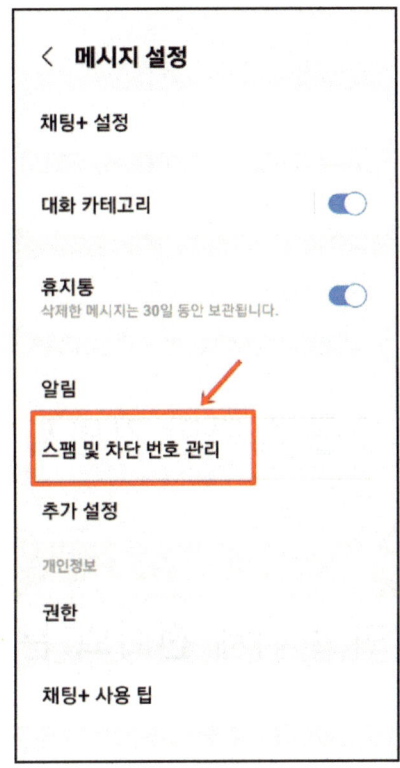

①메시지 창에서

②설정(우측 점 세 개)

③설정

④스팸 및 차단 번호 관리

아는 사람이 문자를 보냈는데 없을 경우, 또는 통신사 카드사 등 기타 공공기관 메시지가 차단번호로 분류되어 있을 수 있습니다.

차단된 메시지 확인 및 복원

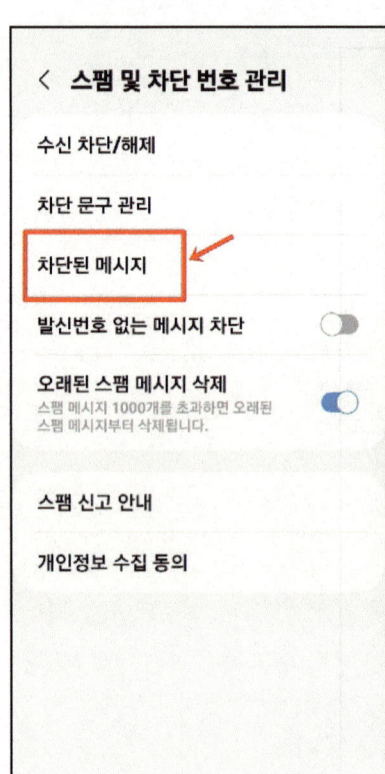  

①차단된 메시지

②메시지 확인(선택)

③번호 차단 해제 및 복원

메시지만 복원할 것인지 차단된 번호를 차단할 것인지 선택한다.

'번호 차단해제'는 연락처로 복원되고 이제 전화와 문자 메시지를 받을 수 있습니다.

전화번호 차단하기

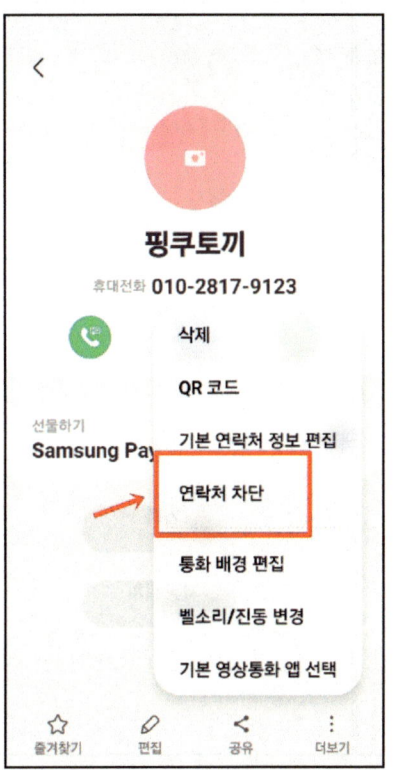
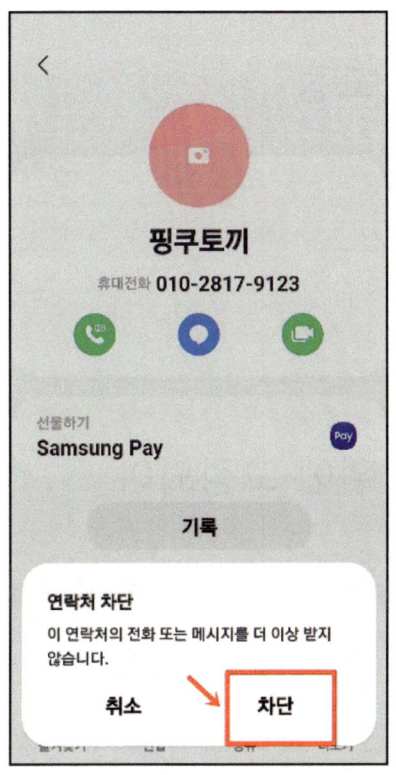

차단 표시 나타남(차단된 형태)

차단할 전화 번호 선택 – 더보기(점 세 개) – 연락처 차단

차단된 전화 해제

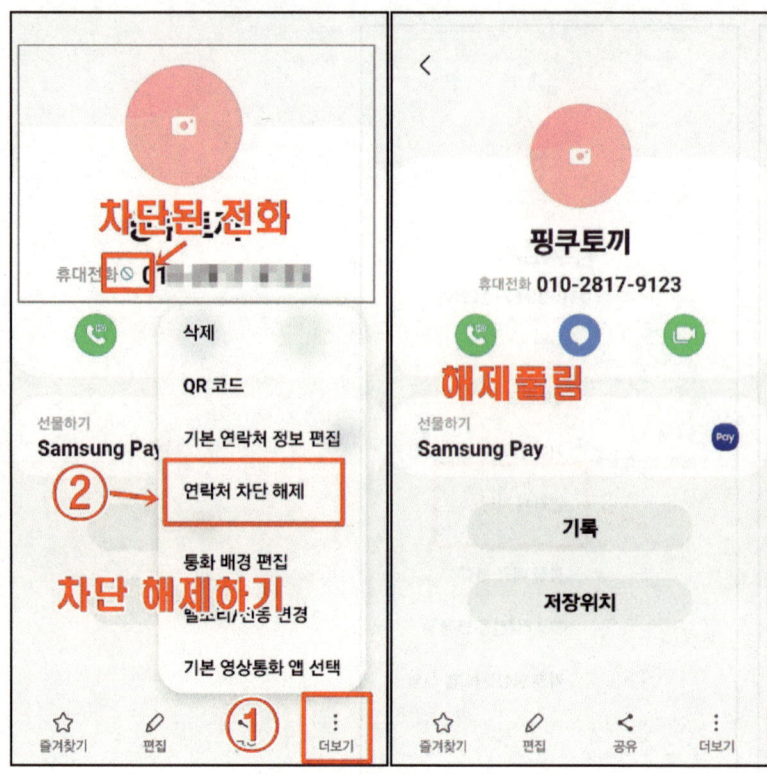

①연락처

②더보기

③연락처 차단 해제

④차단 표시 없어짐

중요 메시지 상단 고정

①메시지 선택(꾹)

②더보기

③맨 위에 고정

시간이 지나도 맨 위에 고정되어

찾기 쉬워짐

여행중 계속 소통 해야할 경우, 또는 업무적으로 지속해서 사용할 경우 상단 고정이 효과적입니다.

긴급 연락처

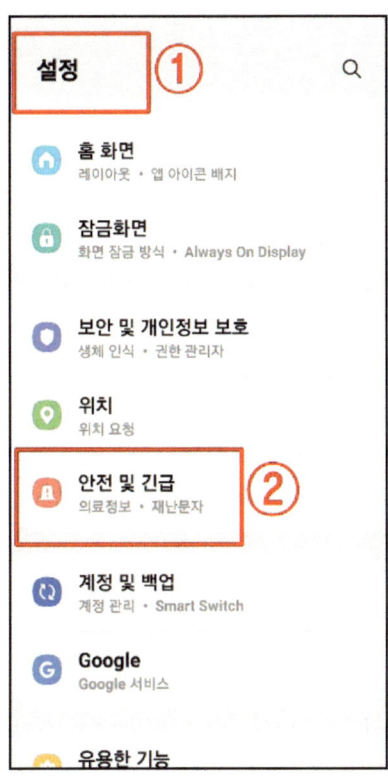
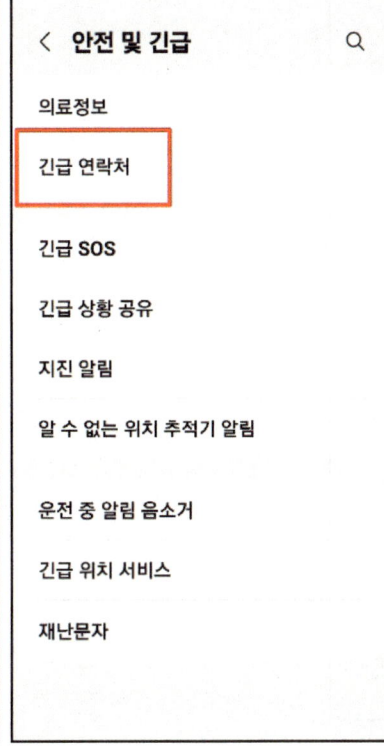

①설정

②안전 및 긴급

③긴급 연락처

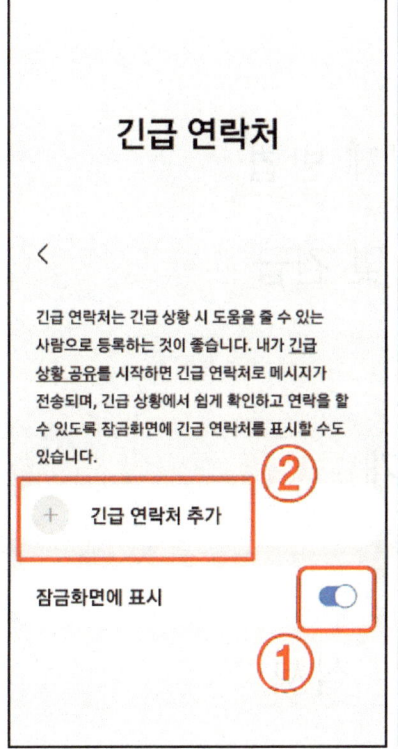
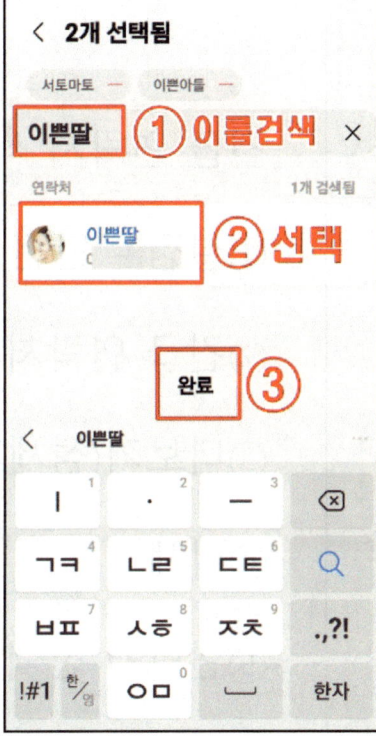

①잠금화면에 표시

②긴급 연락처 추가

③이름 검색

④연락처 선택

⑤완료

긴급 상황 발행 시 도움을 줄 수 있는 사람으로 등록

긴급 연락처

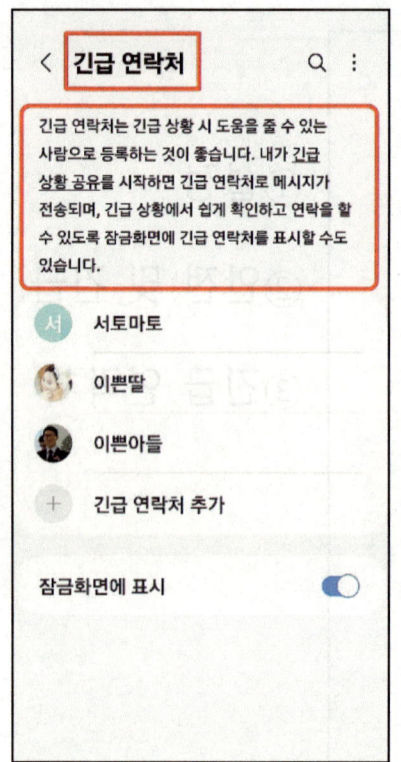

긴급 연락처는 5개까지 추가 가능

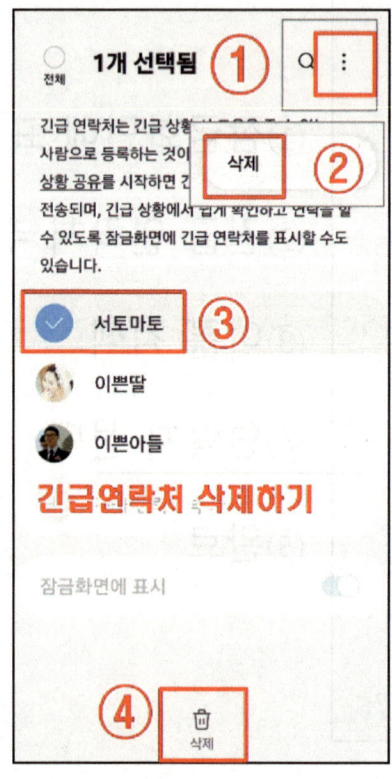

긴급 연락처 삭제 방법

①설정 – 안전 및 긴급

②긴급 연락처

③더보기(점세개)

④삭제

⑤연락처 선택 - 삭제

긴급 SOS

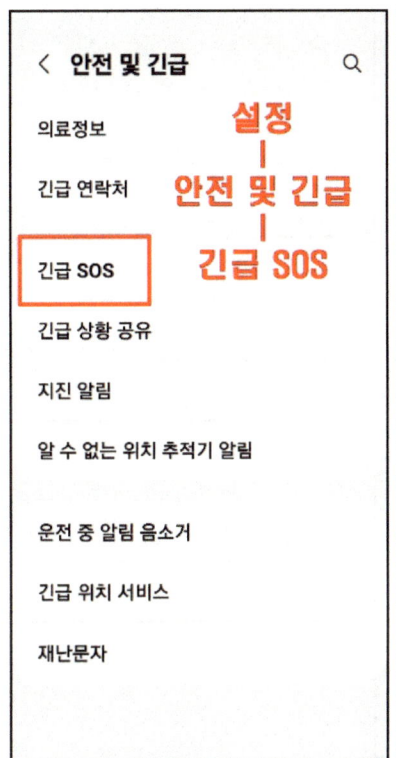 

①설정

②안전 및 긴급

③긴급 SOS

④긴급 연락처 정보 공유 on

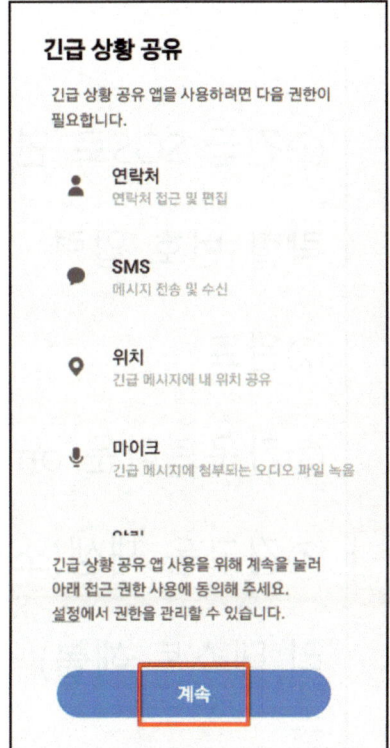 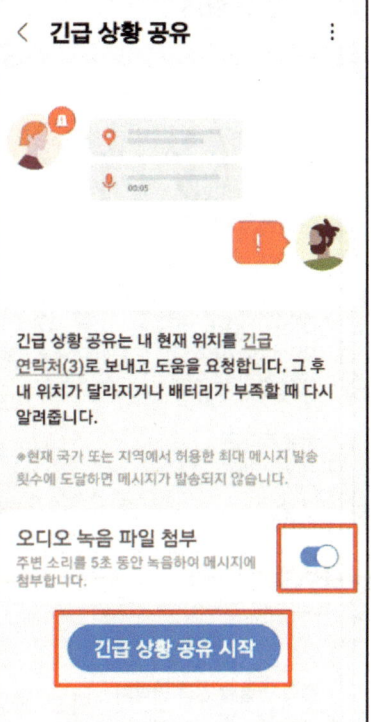

①권한 허용

②오디오 녹음 파일 첨부(상황 일부 녹음되어 전송)

③긴급 상황 공유 시작

긴급 SOS는 어린이와 노약자에게 꼭 필요한 기능이니 숙지하여 사용하시기 바랍니다.

긴급 SOS

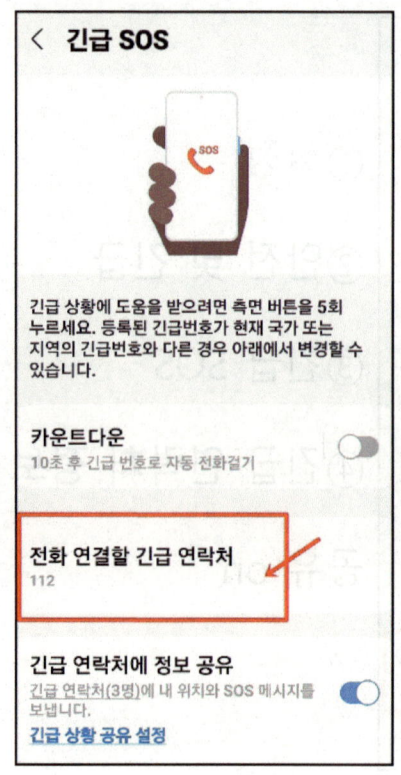 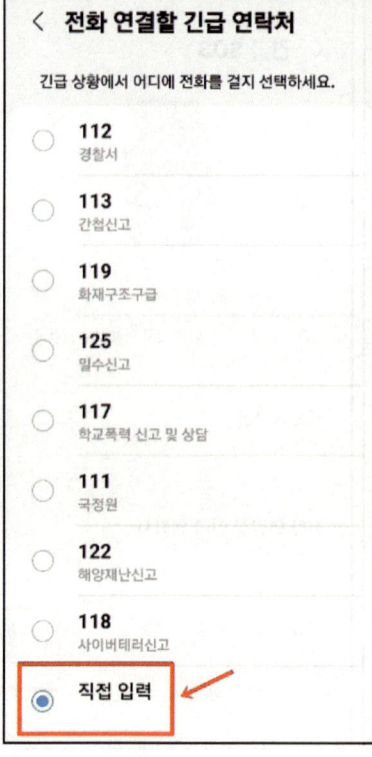

①전화 연결할 긴급 연락처

②112에 되어 있으면 off

③직접 입력 선택

 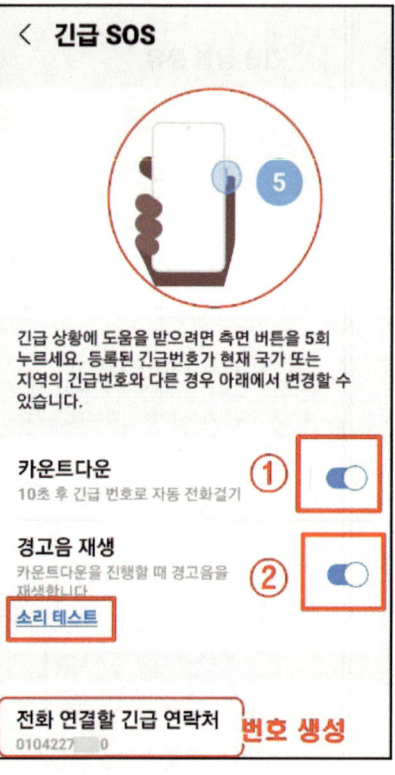

①긴급 SOS로 연락할 번호 입력

②완료

③카운트다운 on

④경고음 재생(소리 테스트 해봄)

> 긴급연락처에 등록이 되어 있을 경우, SOS에는 전화번호를 입력하지 않아도 됩니다.

긴급 SOS(긴급 상황 공유)

위측 전원버튼 빠르게 5번 누르면 사이렌 경보가 울리며 긴급 연락처로 상황이 공유됩니다.

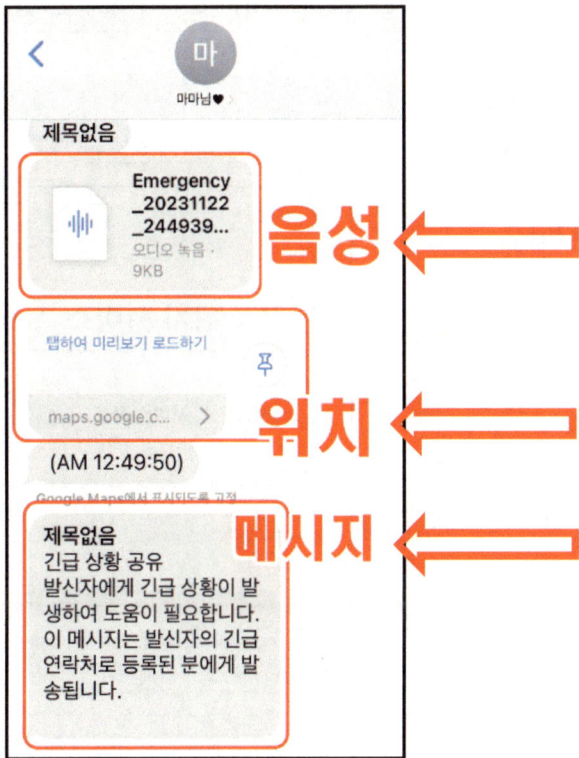

테스트 해봤습니다. 테스트할 때 미리 연락하고 해야 합니다. 받은 사람이 너무 놀라거든요.

긴급 의료 정보 추가 입력

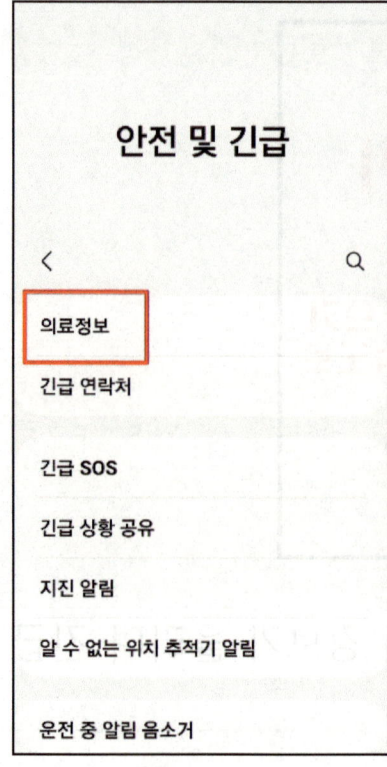 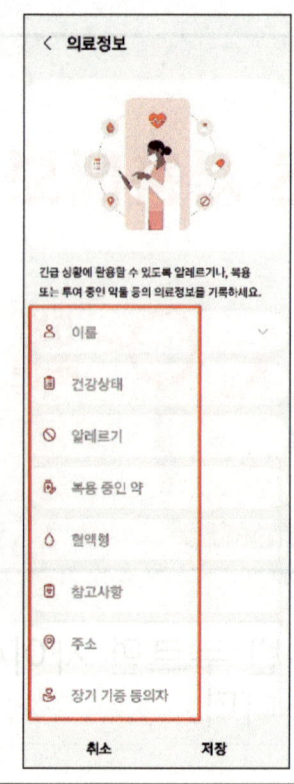 

의료 정보(이름, 건강상태, 인적 사항) - 잠금화면에 표시

긴급 위치 서비스 사용

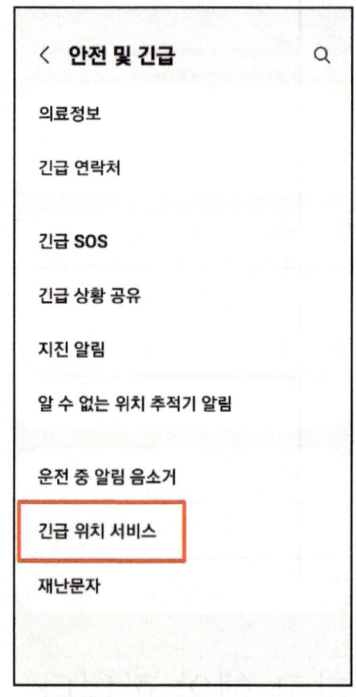 

긴급 위치 서비스 사용 on을 해줘야 위치 정보 공유됨

잠금화면 - 비상 연락처

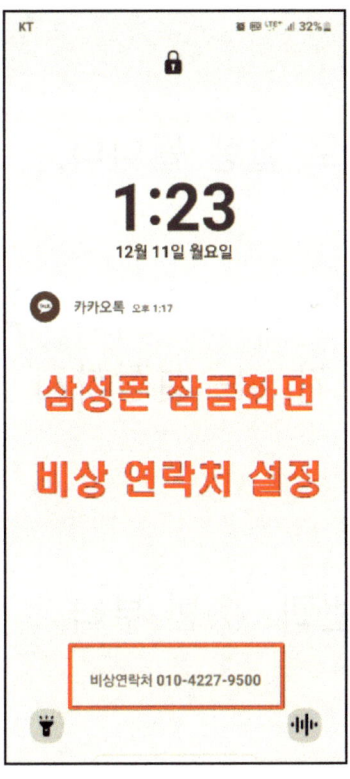

※ 휴대폰 화면이 잠겨 있어도 응급 상황 발생시, 또는 비상 상태 발생 시 연락처를 볼 수 있는 화면 설정

※ 휴대폰을 잘 잃어버리는 사람, 치매 노인, 노약자, 어린이들에게 가르쳐 주면 좋은 기능

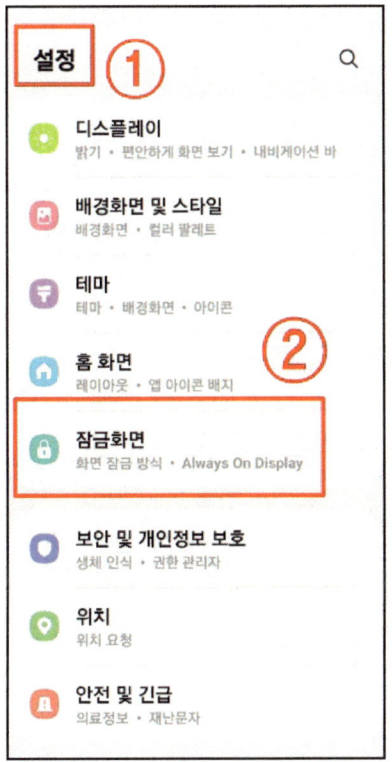

①설정

②잠금화면

③잠금화면 편집

스마트폰 비상 상황 발생 시 유용한 기능입니다.

잠금화면 – 비상 연락처

비밀번호 없이 바로 실행 됩니다.

※**주의할 점**: 타인이 보면 안 되는 정보에 대한 '바로가기'는 설정하지 말아주세요.

잠금화면에서 ①번과 ②번 부터 바꿔 보겠습니다.

①좌측 위치 선택

②자주 사용하는 앱

(손전등)

③우측 위치 선택

④자주 사용하는 앱

(음성녹음)

계산기, 카메라, 편집 앱 등 자주 사용하는 앱 등으로 '바로가기'로 설정해 보세요.

잠금화면 - 비상 연락처

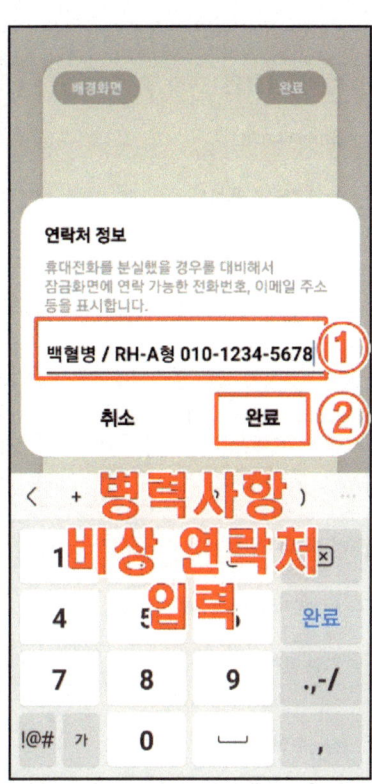

긴급 정보 입력 순서: 설정 - 잠금화면 - 잠금화면 편집 - 연락처 정보(비상시 연락처, 특이사항 기재) - 완료

※ 폰을 자주 잃어버리는 경우, 폰 번호만 기재한다. 병력이 있는 경우 응급 조치 사항을 기재해 주면 좋다.

이 기능은 실행되지 않지만 긴급 메시지를 전할 수 있습니다.

잠금화면 – 비상 연락처

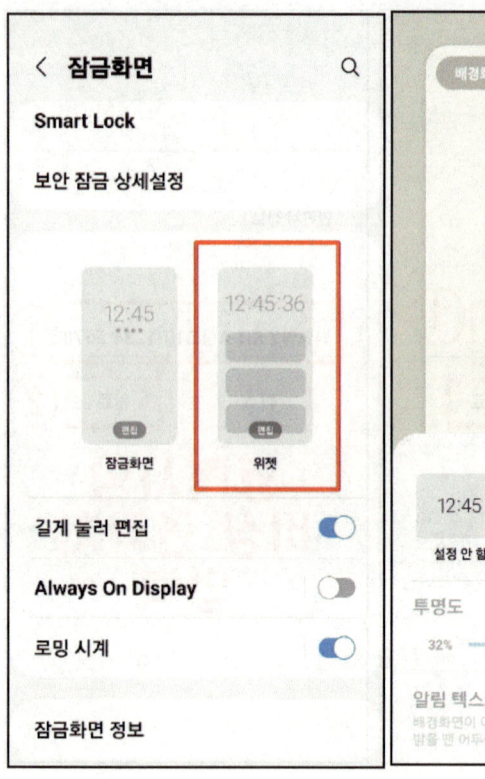
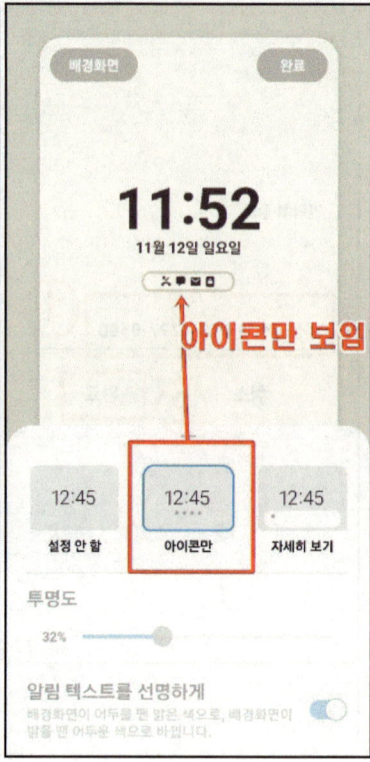

잠금화면을 위젯으로 설정해서 보기

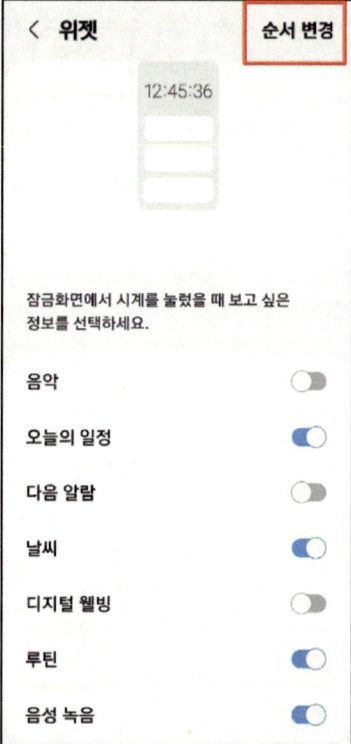

설정 – 잠금화면 - 위젯 – 아이콘만, 자세히 보기 중 선택 – 완료 (위젯 순서 변경 가능)

잠금화면 – 비상 연락처 사용 방법

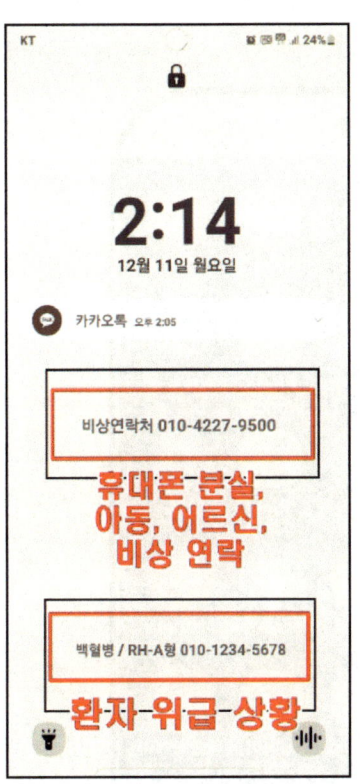

잠금화면 바로가기 기능 사용 방법은 왼쪽에 있는 앱은 오른쪽으로 밀면 바로 실행됩니다.

오른쪽 앱은 좌측이나 대각선으로 밀면 바로 실행됩니다.

긴급 상황메시지(비상연락처)는 바로가기는 되지 않기 때문에 보는 사람이 기재된 연락처로 전화를 해주거나, 119 등에 신고할 수 있는 편의 사항입니다.

디스플레이 설정

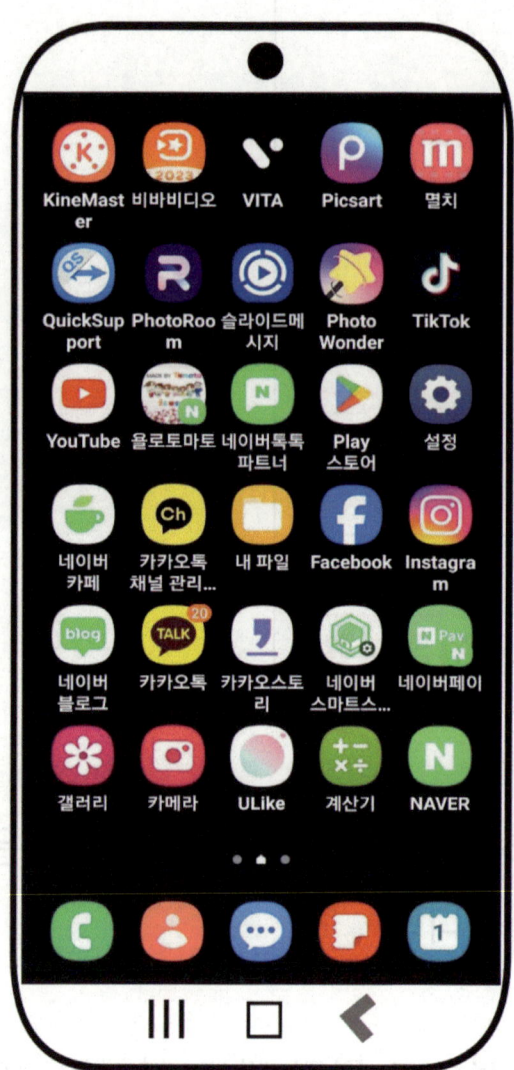

스마트폰을 편리하게 사용하는 첫 단계는 '설정' 에 있습니다. 설정에는 이 책에 수록되지 않은 내용도 다수 있습니다. 디스플레이 설정부터 편집할 수 있는 기능, 빠르게 사용하는 기능 등을 하나씩 알아가면 쉽고 편리합니다.

디스플레이 설정 - 화면 자동 꺼짐 시간

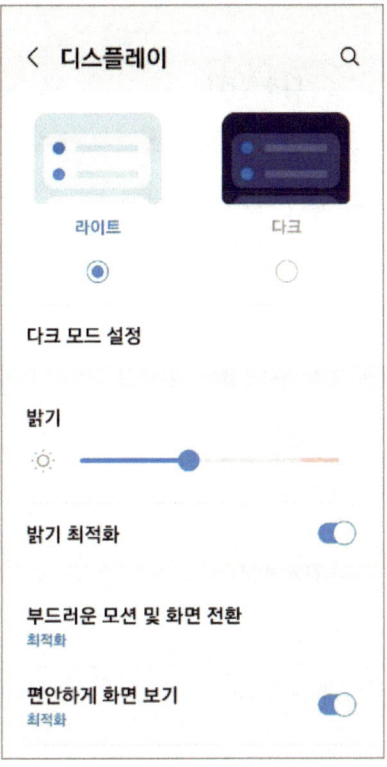

①설정

②디스플레이

③라이트 모드

밝기 조정

최적화

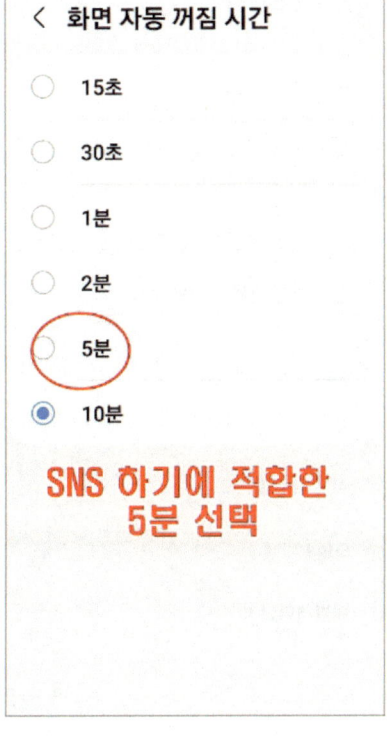

SNS 하기에 적합한 5분 선택

④화면 자동 꺼짐 시간

⑤5분 또는 10분 선택

시니어의 경우, 디스플레이는 밝게 사용하는 것이 좋습니다.

디스플레이 설정 - 글자크기, 화면 사이즈

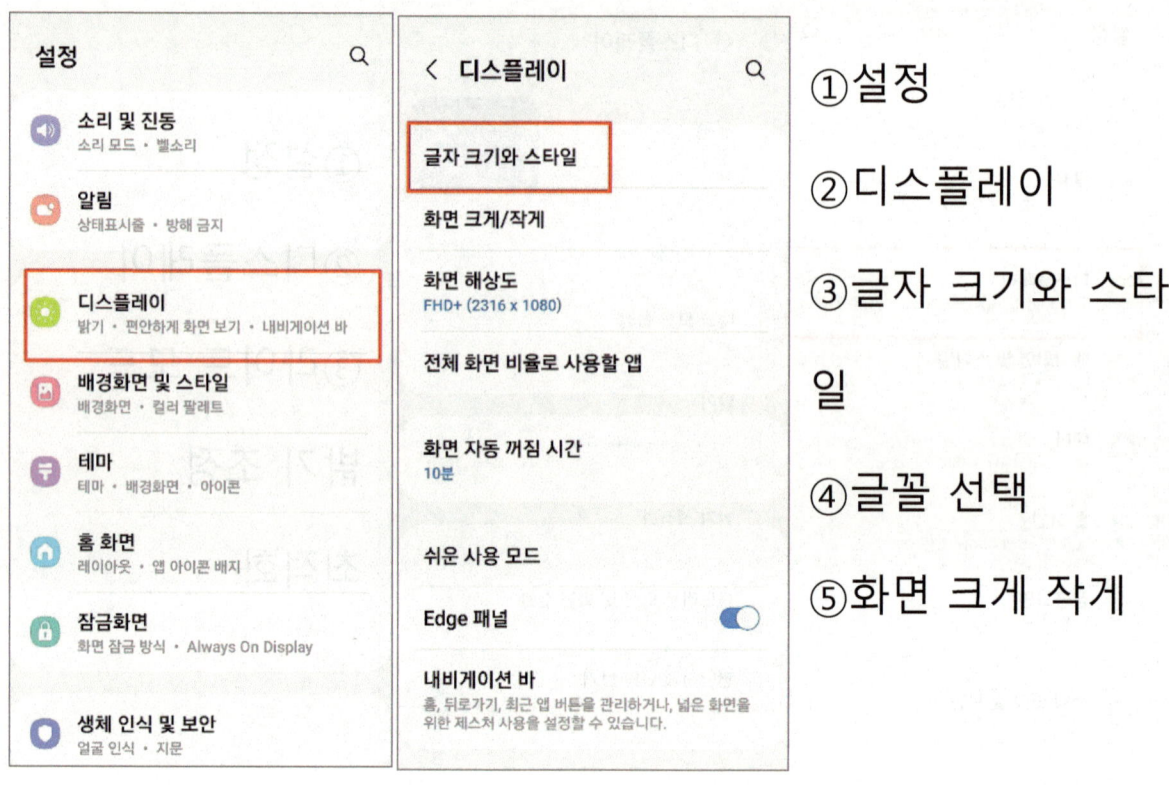

① 설정
② 디스플레이
③ 글자 크기와 스타일
④ 글꼴 선택
⑤ 화면 크게 작게

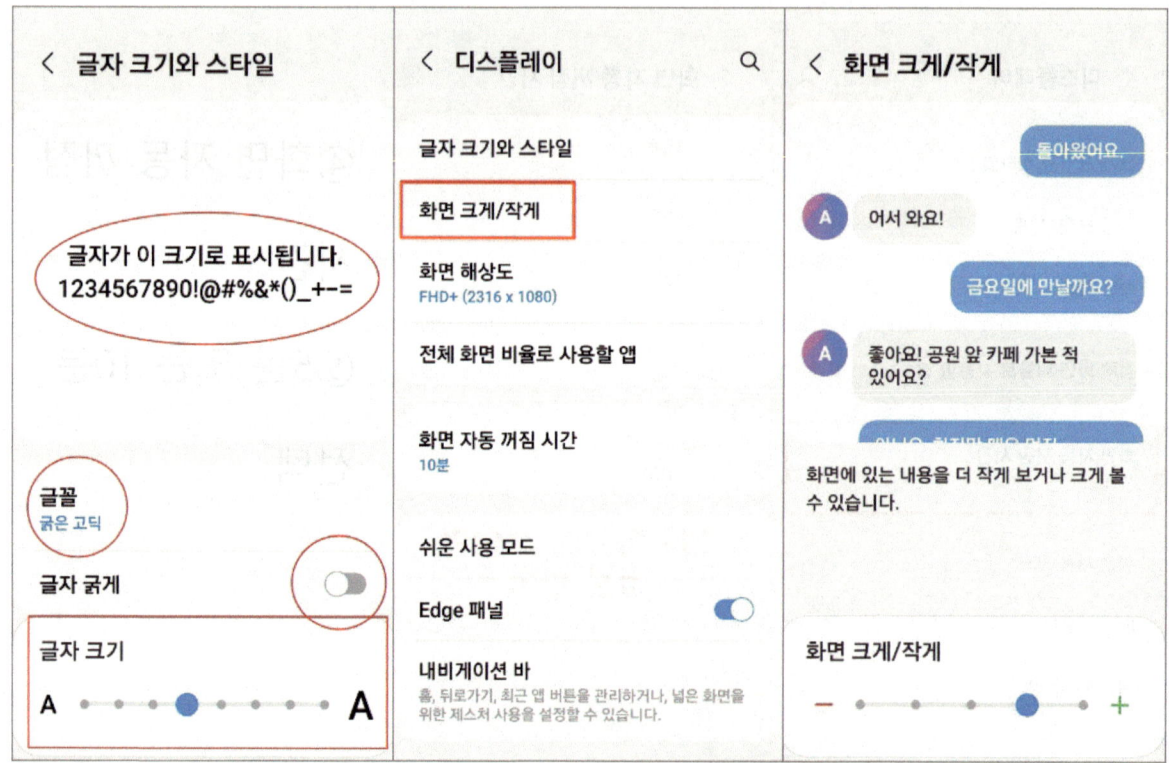

설정 - 디스플레이 - 글자 크기와 스타일(글꼴, 글자크기 선택)
- 화면 크게/작게(화면 보기 사이즈)

화면 해상도 & 디스플레이 & 내비게이션 바

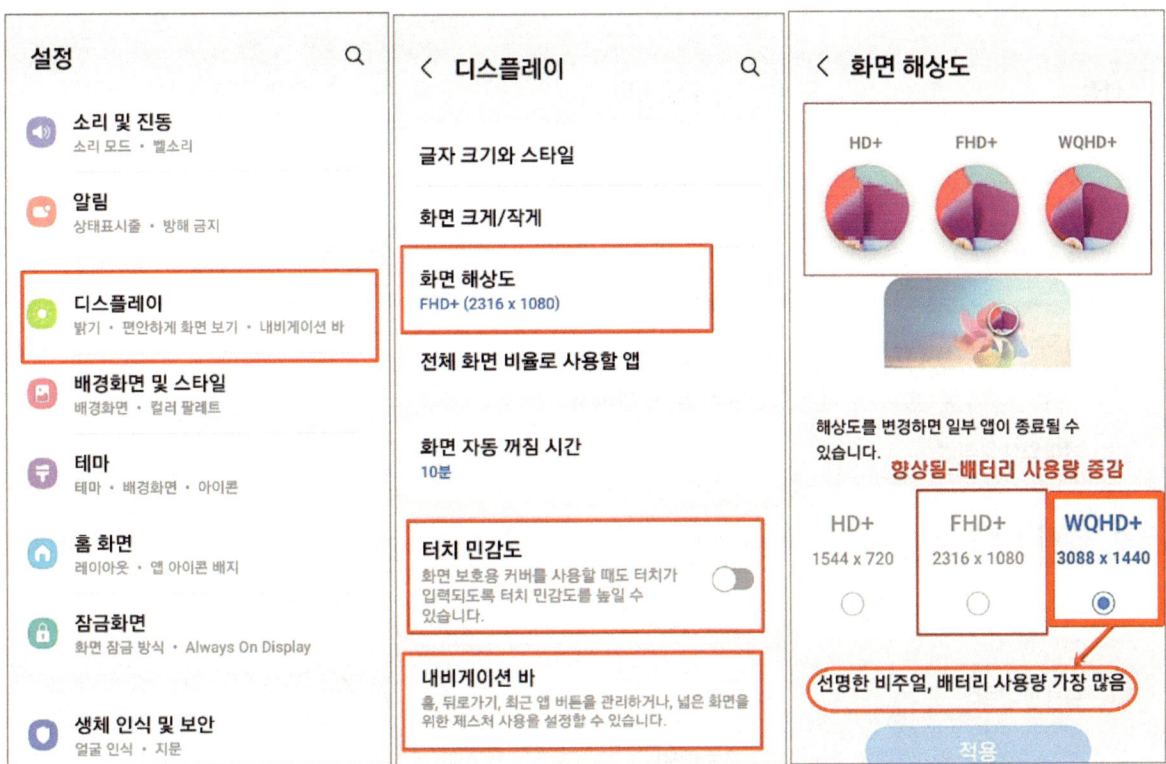

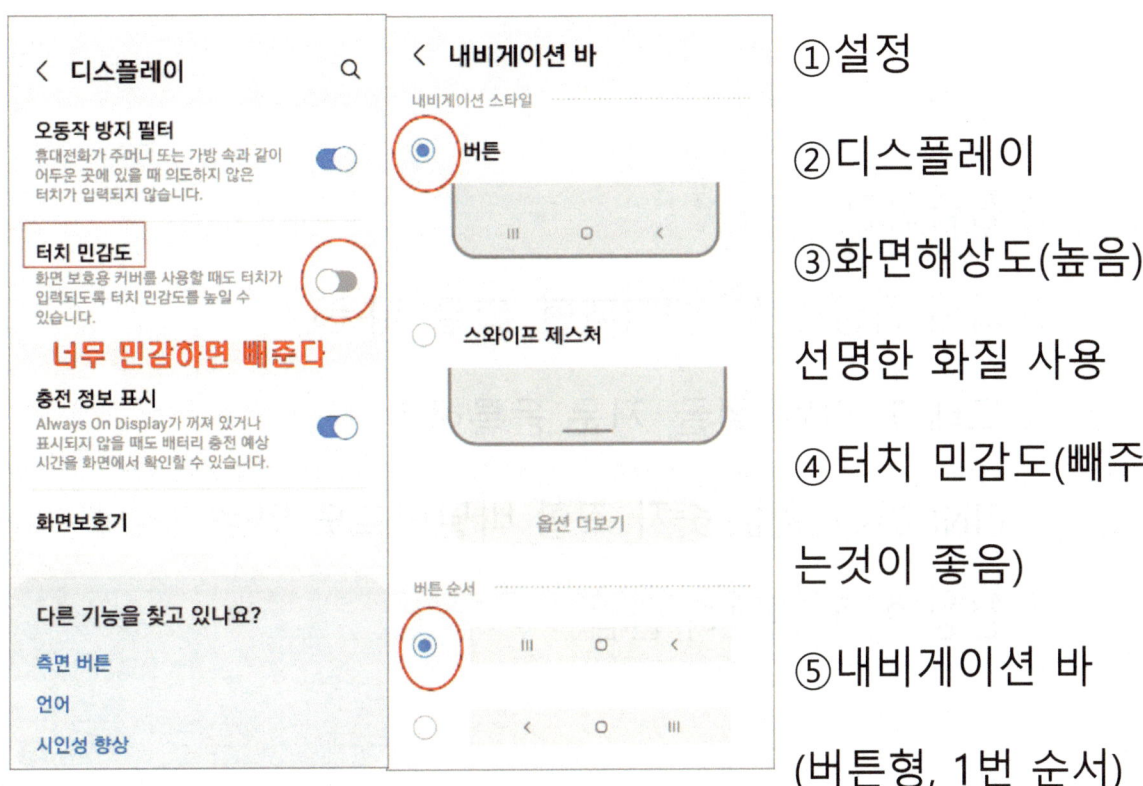

①설정

②디스플레이

③화면해상도(높음)

선명한 화질 사용

④터치 민감도(빼주는것이 좋음)

⑤내비게이션 바

(버튼형, 1번 순서)

내비게이션 바는 사람들이 많이 사용하는 것은 선택했음

잠금화면 방식 설정

①설정

②잠금화면

③화면 잠금 방식 선택(패턴, 얼굴, 지문)

④드래그, 패턴, 얼굴, 지문 등록하기

⑤PIN(숫자), 영문 숫자 조합 비밀번호도 있음

⑥설정 안함: 보안이 안됨

얼굴 인식 보안 설정 및 삭제

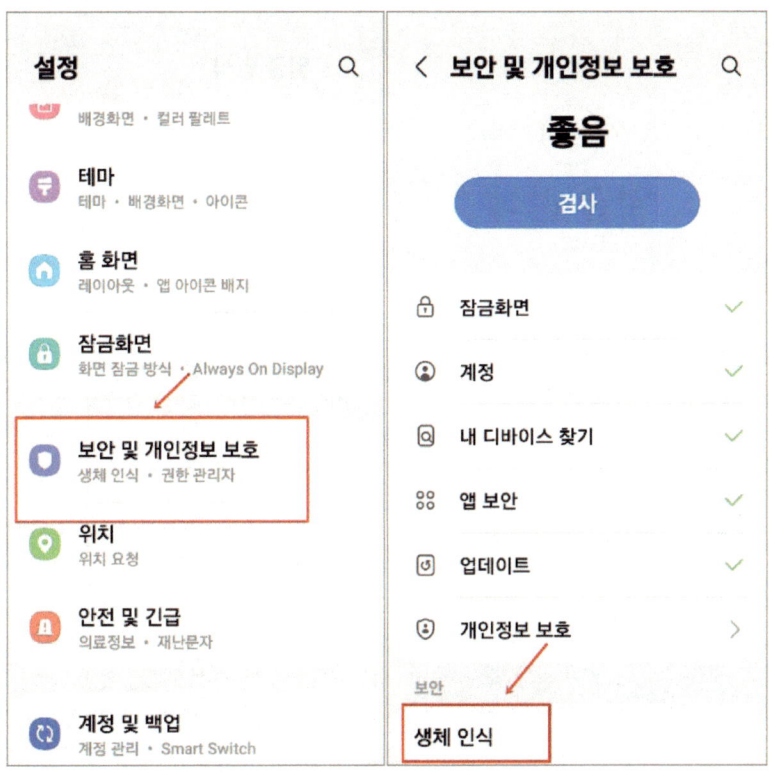

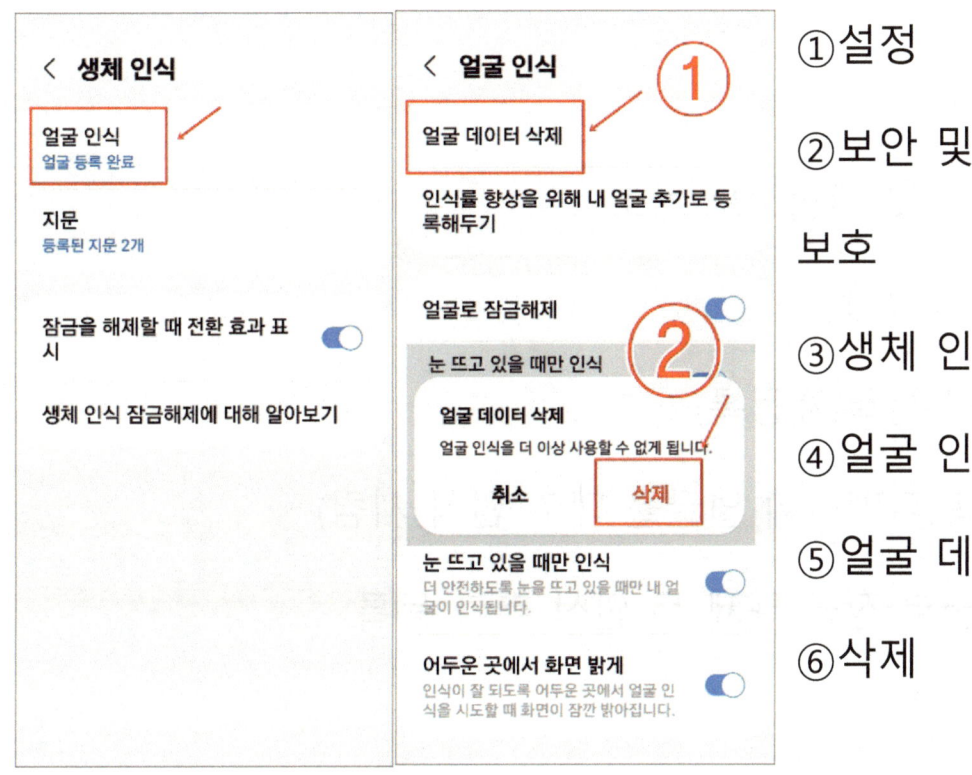

① 설정

② 보안 및 개인정보 보호

③ 생체 인식

④ 얼굴 인식

⑤ 얼굴 데이터 삭제

⑥ 삭제

설정 – 보안 및 개인정보 보호 – 생체 인식 – 얼굴 인식 – 얼굴 데이터 삭제

스마트폰 기본 익히기 55

얼굴 인식 보안 설정 및 삭제

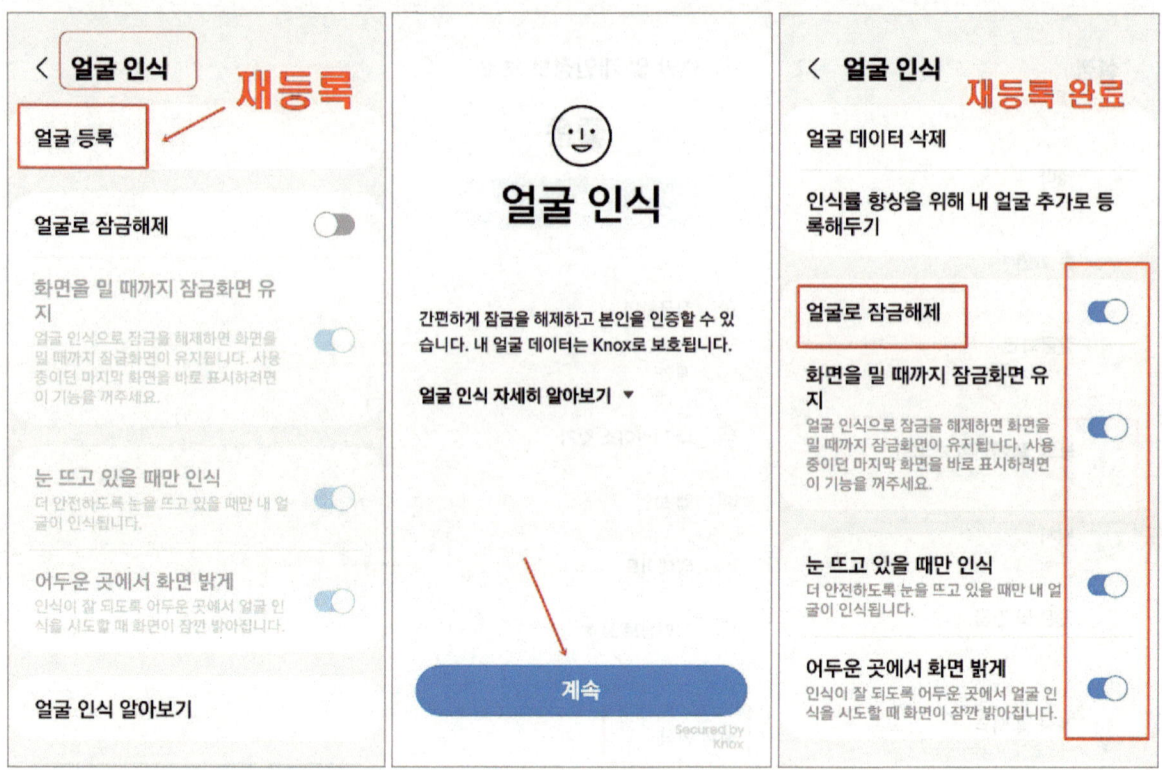

① 설정

② 보안 및 개인정보 보호

③ 얼굴 인식

④ 얼굴 등록(재등록)

⑤ 계속(카메라에 얼굴을 대고 인식 시킴)

⑥ 얼굴로 잠금 해제 등 인식 추가 등록

⑦ 등록 완료

2장

스마트폰 카메라 사용 설명서

스마트폰으로 사진 잘 찍는 법

1. 카메라 렌즈 닦기
2. 초점(포커스) 잘 맞추기
3. 구도(풀 숏, 클로즈업 숏, 롱 샷, 와이드 샷, 바스트 숏)
4. 흔들리지 않고 쉼 쉬는 것 참기
5. **카메라 활용(기능 설정)**
6. 장면 별 최적 촬영
7. 숨은 기능 찾아서 촬영하기
8. 잘라내기
9. 편집하기
10. 찍는 것도 중요하지만 잘 찍히는 것도 중요

카메라 설정 – 글씨 바르게 보기

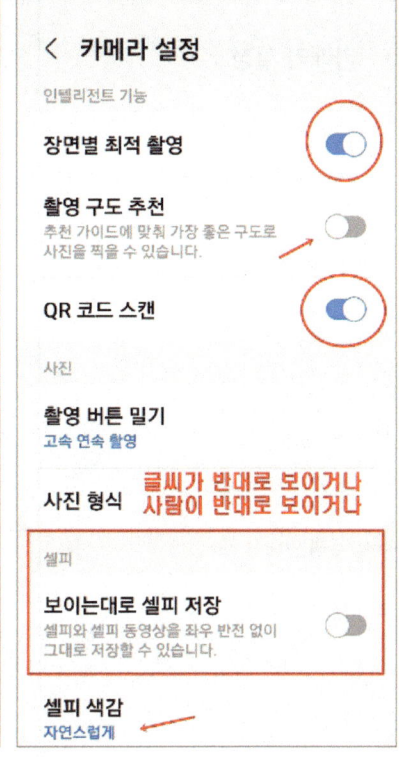

셀카 촬영 시 글씨 바르게 보이게 하는 법
①설정(톱니바퀴)
②보이는대로 셀피 저장 **off**

①장면별 최적 촬영을 선택하면 노란 서클이 안내해 줌

②촬영 구도 추천: 가장 좋은 구도로 찍을 수 있음

③QR코드 스캔: QR코드가 있을 경우 카메라를 갖다 대면 자동 스캔해서 링크로 바로 이동

④촬영 버튼 밀기: 고속 연속 촬영 가능

⑤보이는 대로 셀피 저장을 꺼 놓아야 글씨가 제대로 보임

스마트폰 카메라 촬영 방법

①카메라 설정 - 촬영방법

②음량 버튼 누르기: 사진 촬영 시 내림버튼은 사진, 올림버튼은 gif 파일로 촬영됨

③음성명령 on: 스마일, 김치 등 명령어로 촬영

④플로팅 촬영버튼 on: 이동 가능한 촬영버튼이 새로 생김

⑤손바닥 내밀기: 셀피 촬영과 동영상 촬영 시 손바닥을 내밀면 촬영됨

인물 사진 / 더보기

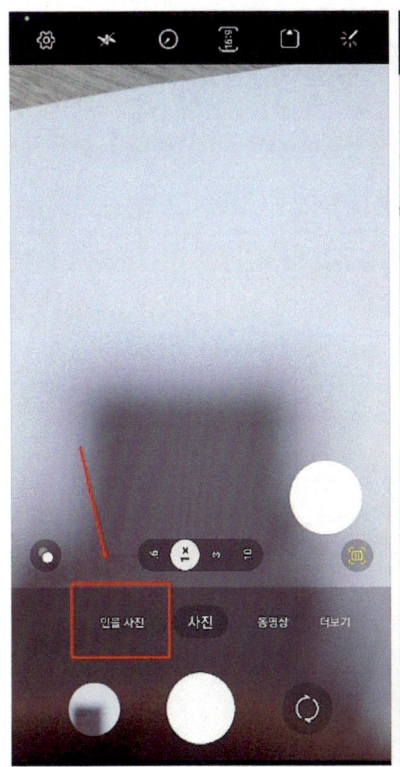 

인물사진: 얼굴에 초점을 맞추고 배경이 흐리게 촬영되어 인물이 돋보이는 촬영 방법

인물 동영상: 얼굴을 따라가며 초점을 맞추어 촬영 됨

더보기 – 많은 촬영 기법

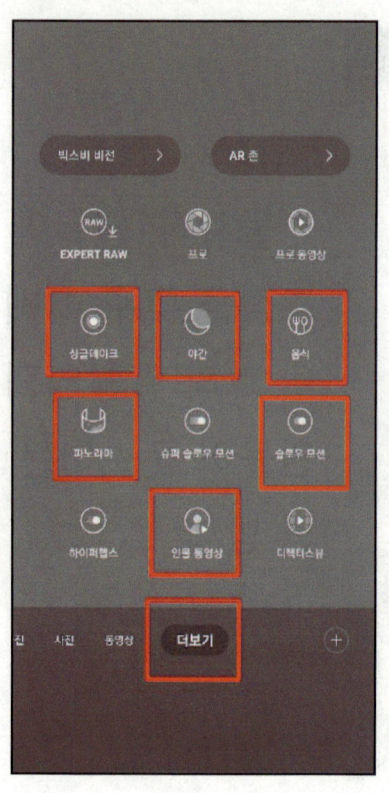

①싱글테이크: 촬영 대상을 두고 영상 촬영 하듯이 움직이면 동영상과 사진이 동시에 촬영되고 음악도 자동 삽입 됨

②야간: 어두운 곳이나, 밤에 촬영 시 적합

③음식: 음식 사진 촬영 시 맛있게 보이는 컬러로 촬영 됨

④파노라마: 좌우로 한번에 촬영이 부분을 천천히 이동하면서 촬영하면 넓은 화면도 한 장의 사진으로 촬영됨

⑤슬로우모션: 움직임을 천천히 자세하게 볼 수 있는 영상으로 눈 내리는 모습, 비오는 모습, 꽃잎이 떨어지는 모습을 멋지게 담을 수 있는 기능

상단 촬영 도구 - 기능

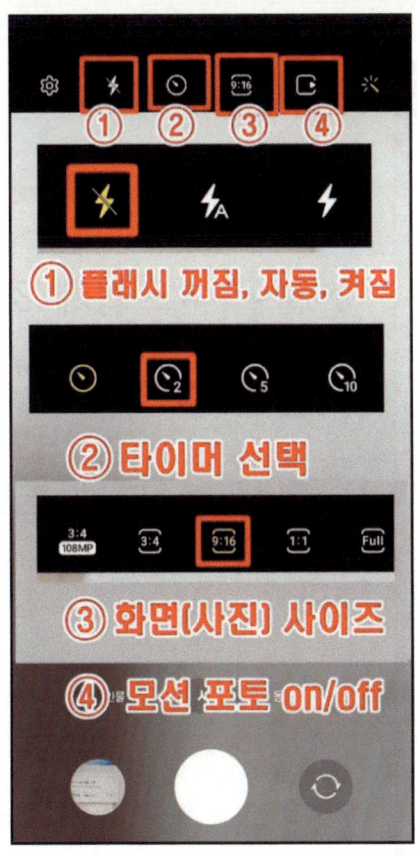

①플래시: 꺼짐, 자동, 켜짐

②타이머 선택: 사용 안함, 2초, 5초, 10초

③화면 사이즈: 원하는 사이즈에 맞게 사용
  - 인스타그램 : 1:1 사이즈
  - 일반적인 사이즈: 4:3 또는 16:9
  - 유튜브: 16:9
  - Full: 카메라 전체 화면 사이즈
  - 3:4 108mp: 제품 촬영으로 좋으나,
    용량을 많이 차지하고, 블로그 사진 첨부 안됨

④모션포토 on/off 기능
  사진 촬영 시 모션 포토를 설정하면 동영상이 아닌
  상태임에도 앞부분이 짧은 영상으로 촬영되어
  약간의 동영상이 보임

상단 촬영 도구 사용 - 필터

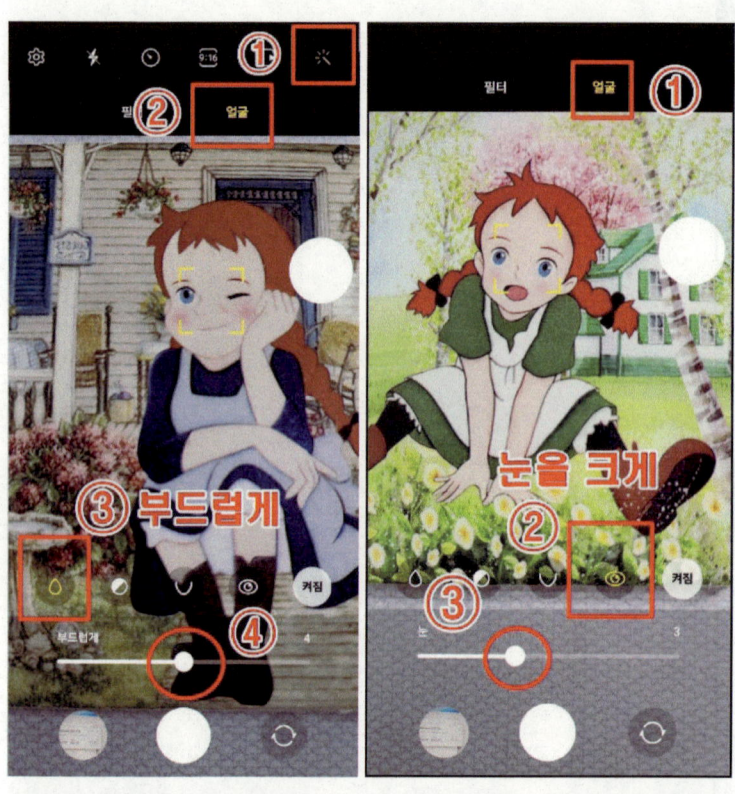

① 필터

② 얼굴 부드럽게 조절

③ 얼굴 톤 조절

④ 턱선, 눈 크게 조절 가능

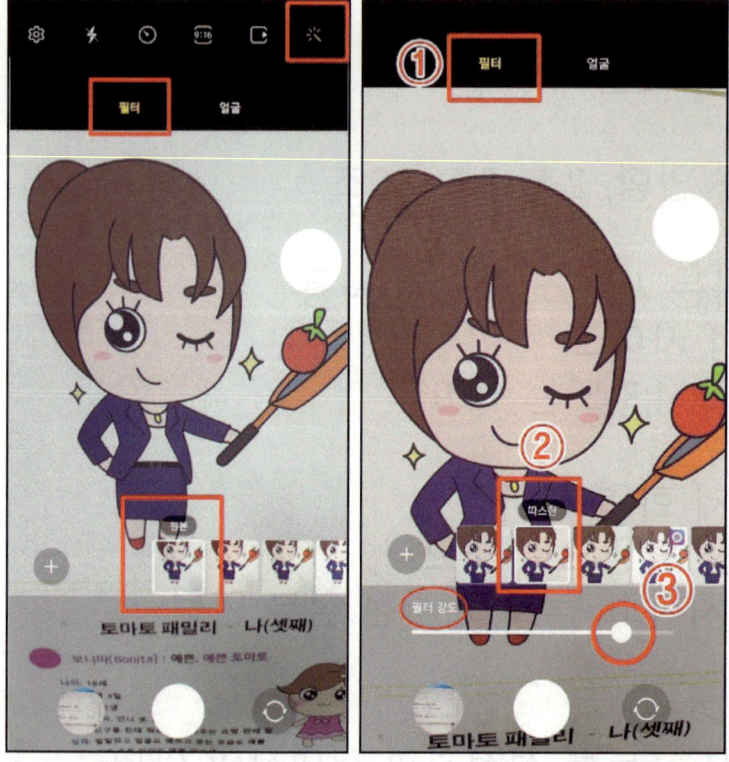

⑤ 필터 선택: 강도 조절하여 사용

필터 선택으로 촬영하면 전문가처럼 예쁜 사진을 얻을 수 있습니다.

스마트 에디터로 콜라주 만들기

①갤러리

②사진선택(2~6개)

③만들기

④콜라주

⑤레이아웃 선택

사진 위치 자리바꿈,

⑥두 손가락으로 사진 크기 조절, 레이아웃 사이즈 조절 가능

여러장의 사진을 한장으로 보여주고 싶을 때 사용

스마트 에디터로 콜라주 만들기

①사진 위치 변경, 교체, 사이즈 변경 완료

②콜라주 사이즈 변경 가능: 1:1, 9:16, 16:9

③테두리: 테두리 모서리 굴곡 조절
　테두리 사이즈 굵기 조절
　테두리 색상 선택

④저장하기

초간단 영화 만들기

비디오 에디터

삼성 갤럭시 스마트폰에는 '스마트에디터'라는 기본적인 기능이 있습니다. 앱을 설치하지 않고도 쉽고 빠르게 동영상을 만들 수 있어 알아 두면 좋습니다.

전문가가 아니더라도 빠르게 만들 수 있는 장점이 있어 SNS에 업로드 할 때 영상이 필요할 때 만들어 사용합니다.

사진으로 영상 만들기에 적합한 기능입니다.

초간단 영화 만들기

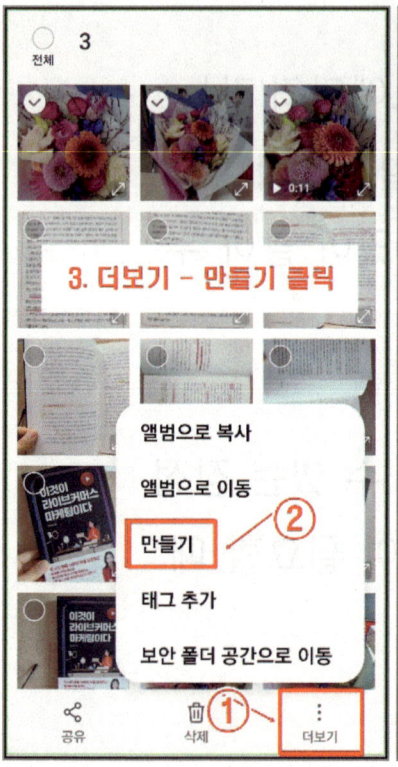
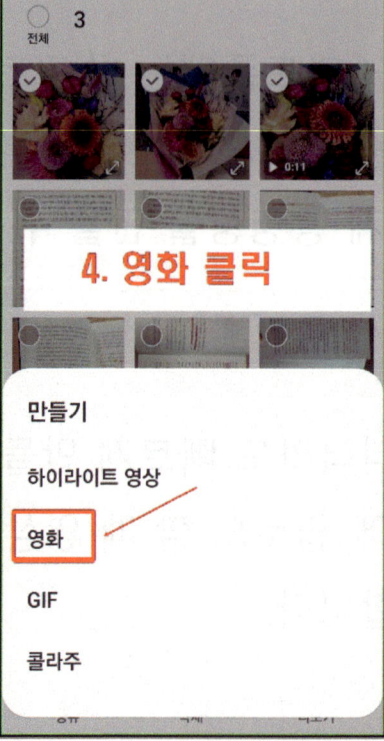

① 갤러리

② 사진선택

③ 더보기 - 만들기

④ 영화

내 폰 갤러리에 있는 사진 또는 영상을 선택합니다.

초간단 영화 편집하기

①장면전환
사진과 사진 사이 '-'를 눌러 장면전환 가능
②슬라이드 적용

① 화면
② 화면 사이즈 선택

장면전환을 넣으면 영상이 자연스럽게 연결됩니다.

초간단 영화 편집하기

①편집

②영상 자르기, 편집, 삭제, 추가 가능

③영상 시간 조정

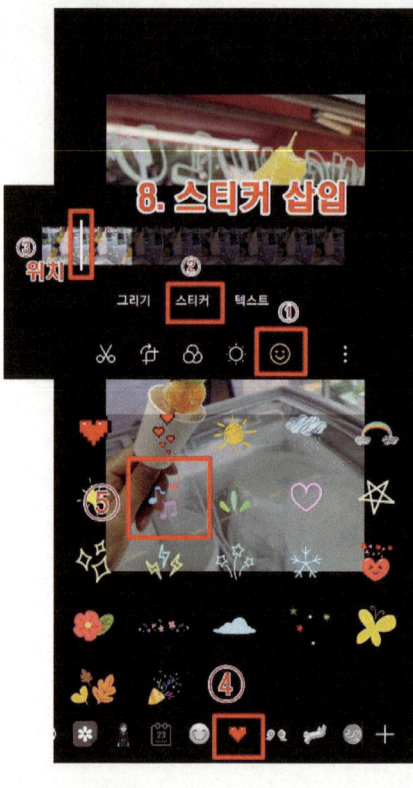 

①스티커

②스티커 선택

③스티커 위치, 사이즈 변경

④길이 조정

영상을 자르기도 하고 사진을 잘라 타임을 줄일 수도 길이를 늘릴 수도 있습니다.

초간단 영화 편집하기

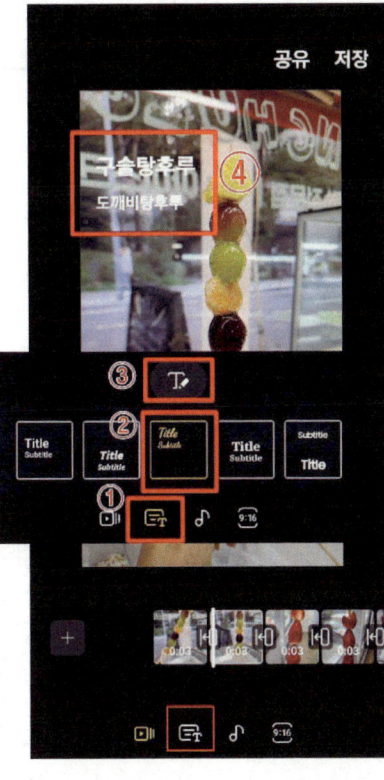

①텍스트

②텍스트 추가

③글씨 입력

④글씨 위치 선택

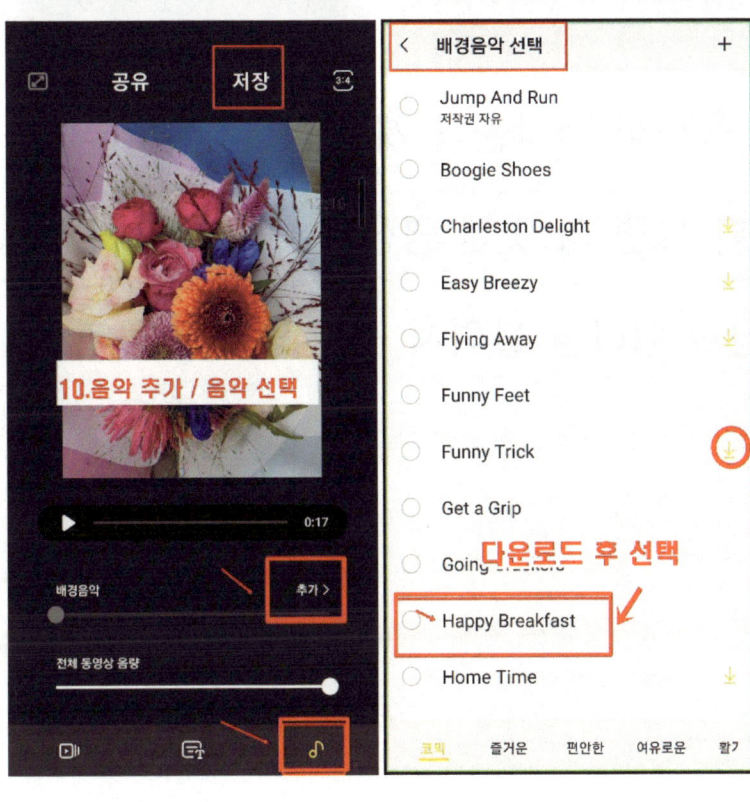

①음악

②추가

③배경음악 선택

④다운로드 후 선택

뒤로가기 버튼

(테마별 음악 있음)

상단 '+'는 내 폰에 있는 음악 추가임

무료로 음악을 사용할 수 있습니다. 내 폰에 있는 음악 사용은 저작권에 주의해야 합니다.

갤러리에 영상으로 저장(비디오 에디터)

초간단 영화 만들기는 동영상 제작을 쉽게 하는 방법입니다.

쉬운 콘텐츠부터 만들다 보면 더 멋진 영상이 나옵니다.

짧은 영상과 영상, 사진과 영상을 붙여서 멋진 영화 만들기 가능합니다.

3장

예쁜 사진, 동영상 앱

예쁜 셀카앱으로 사진 촬영

많은 셀카앱 중에 유라이크를 선택한 이유는 과보정 되지 않고 자연스럽게 예쁜 사진을 얻을 수 있어서 입니다.

다른 많은 앱들도 사용하면 10년 전, 20년 전, 과거 주름이 없었던 시절의 사진으로 만들어드립니다.

포토샵으로 보정을 하지 않아도 예쁜 사진을 얻을 수 있고 워터마크를 빼고 사진을 얻을 수 있어 많이 사용하고 있습니다.

예쁜 셀카앱으로 사진 촬영

①Play 스토어

②유라이크 검색

③선택하여 설치

④열기

사용 전 카메라 렌즈 앞뒤를 모두 닦고 시작하면 더욱 예쁜 사진을 얻을 수 있습니다.

'왜 내가 찍으면 사진이 뿌옇게 나오나요?' 이런 질문 많이 하십니다. 그건 렌즈에 이물질, 또는 기름기가 붙어 있어서 그렇습니다.

촬영 전 카메라 설정하기

 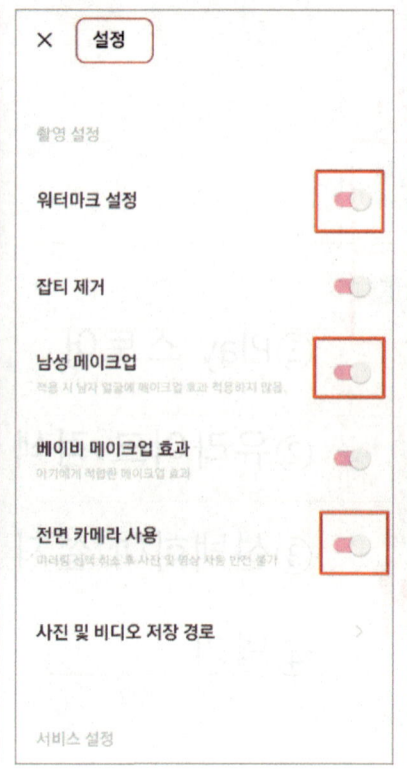 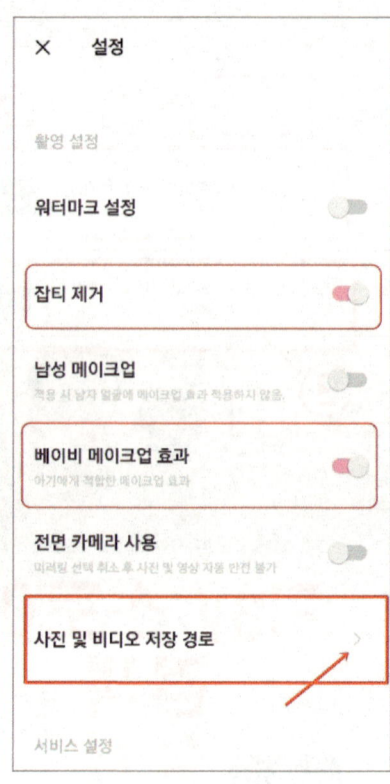

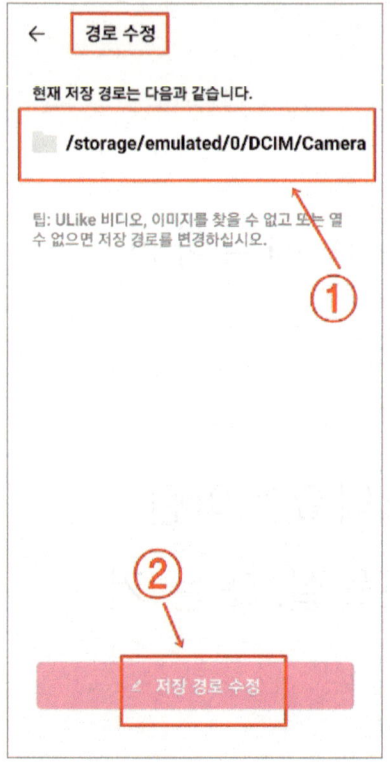

①설정(상단 3선)

②카메라 설정

③워터마크 설정 off

④잡티제거 on

⑤남성메이크업 off

⑥베이비 메이크업 on

⑦전면 카메라 사용 off

⑧사진 저장위치 지정(카메라)

사진 촬영

좌측 사진을 잘 보고 순서대로 따라해 보시면 예쁜 사진을 얻을 수 있습니다.

①촬영

②촬영 버튼(셔터)

③카메라 전환

④스타일 적용(예쁜)

⑤상표(스티커 사진)

스타일 적용과 스티커 사진은 무료 사용할 수 있는 것을 적용해 보세요.

예쁜 사진 동영상 앱 77

갤러리 사진 적용 스타일

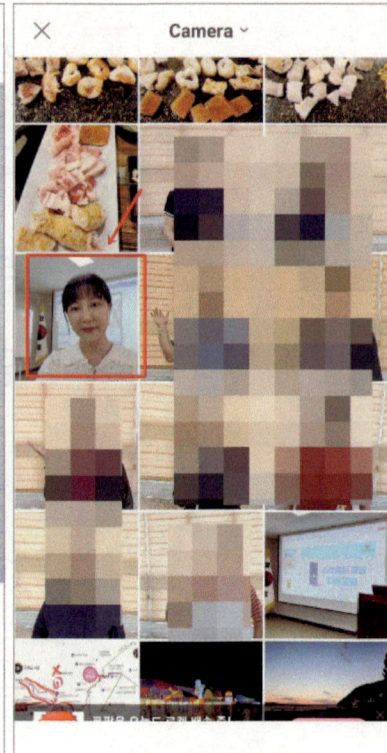

이미 촬영된 갤러리에 있는 사진으로 스타일을 적용해서 예쁘게 만들 수도 있습니다.

① 보정

② 갤러리 사진 선택

③ 스타일

④ 스타일 적용(예쁜)

잘 어울리는 보정을 선택하여 적용하면 됩니다.

갤러리 사진으로 꾸미기

갤러리 사진으로도 촬영한 사진처럼 보정도 가능하고 스티커 사진도 만들 수 있습니다.

① 보정
② 스타일 적용
③ 스티커 적용
④ 크리스마스 적용

필터, 뷰티, 예쁜몸매, 얼굴색, 턱선 모두 강도 조절 가능합니다.

더 많은 예쁜 사진

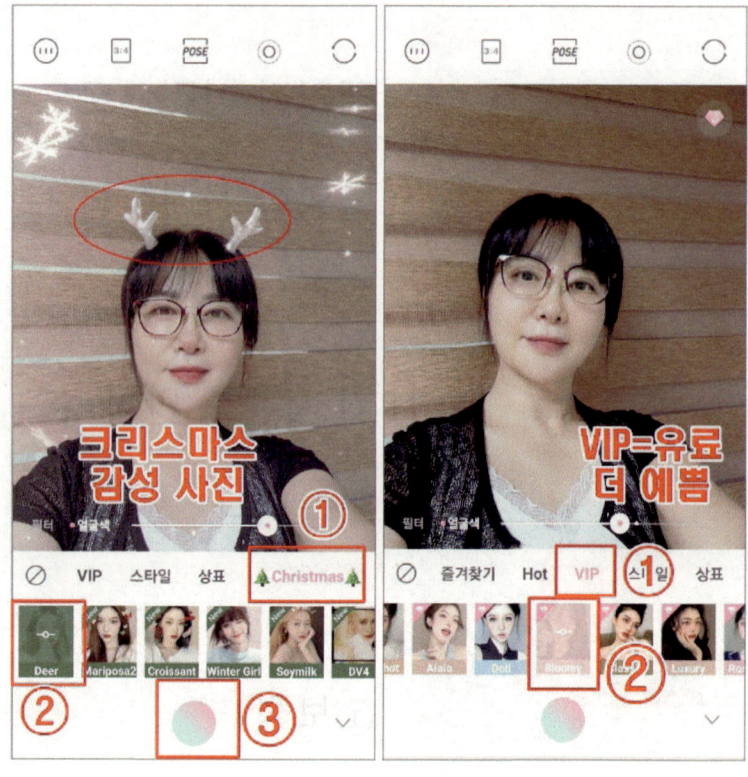

크리스마스 분위기의 스타일을 적용합니다.

①촬영
②스타일
③크리스마스 (Christmas)
④스타일 적용(예쁜)

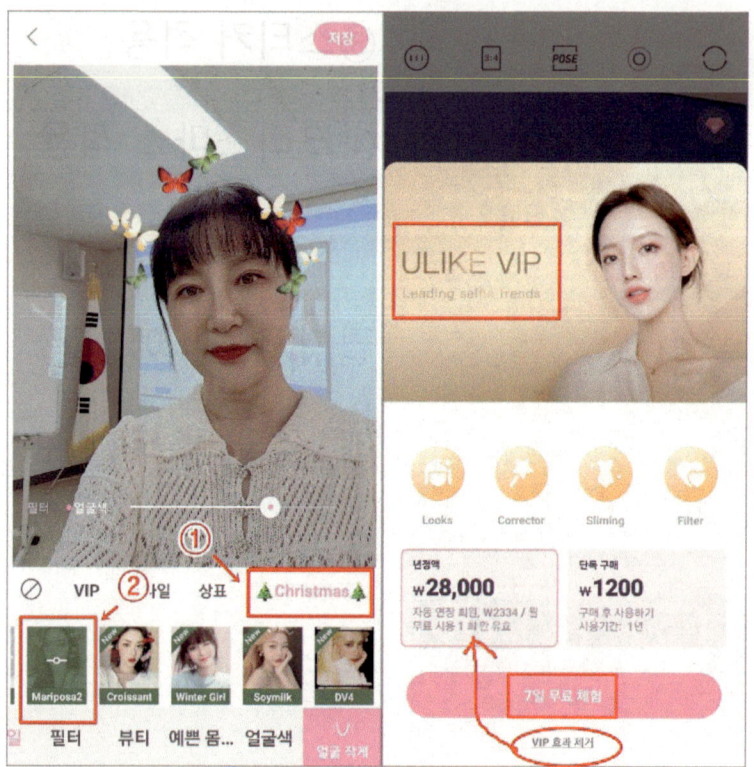

**다이아몬드가 있는 사진은 VIP 기능으로 유료입니다.
(결제 주의)**
저는 연간 구매해서 사용합니다.

동영상 촬영 및 촬영 방법

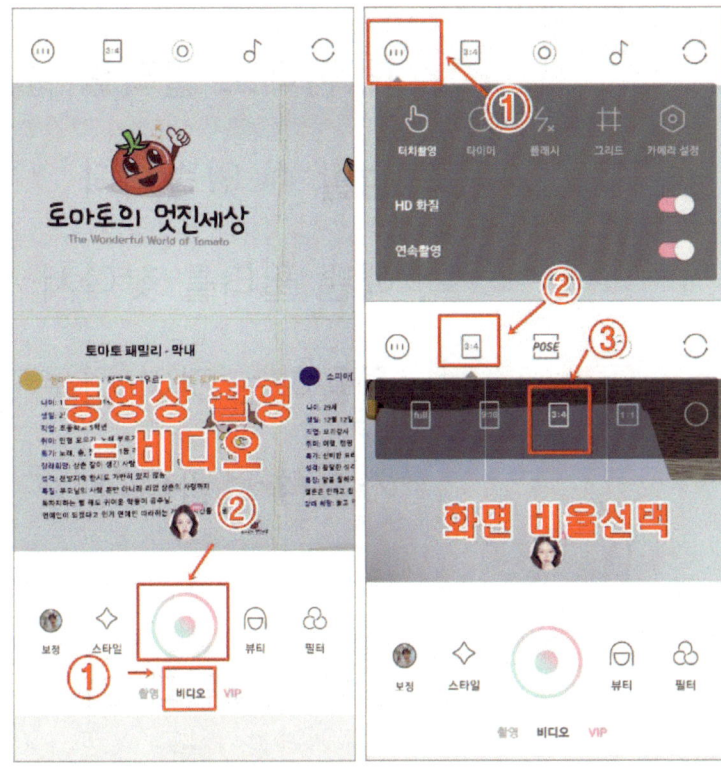

동영상 촬영도 예쁘게 촬영되며, 다양한 기능을 가지고 있습니다

①비디오

②더보기(상단3선)

③화면비율 선택

④타이머, 플래시, 그리드 선택

⑤포즈 촬영 기능

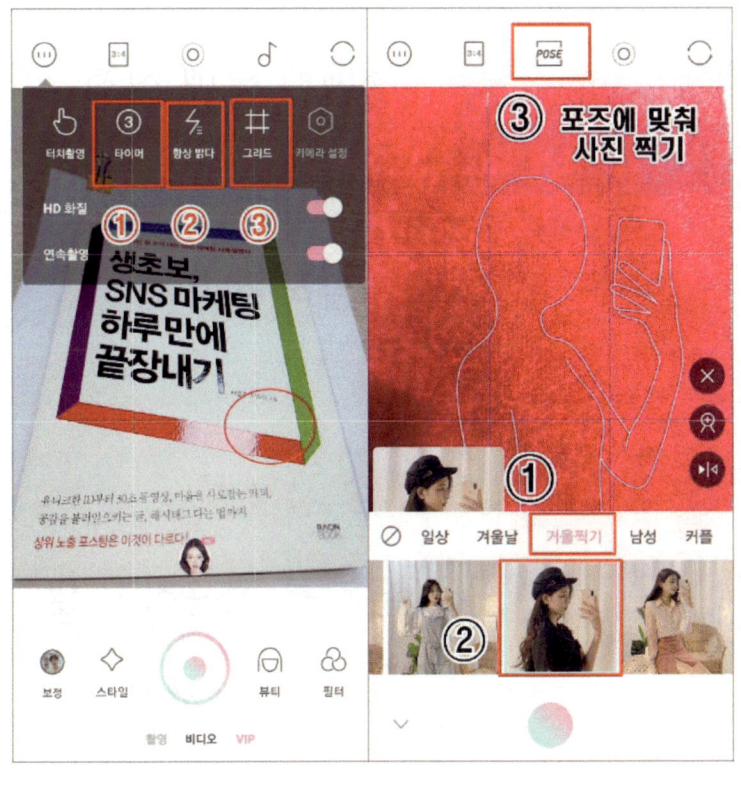

연예인 같은 포즈도 연출할 수 있습니다.

뷰티, 필터 적용 후 촬영하기

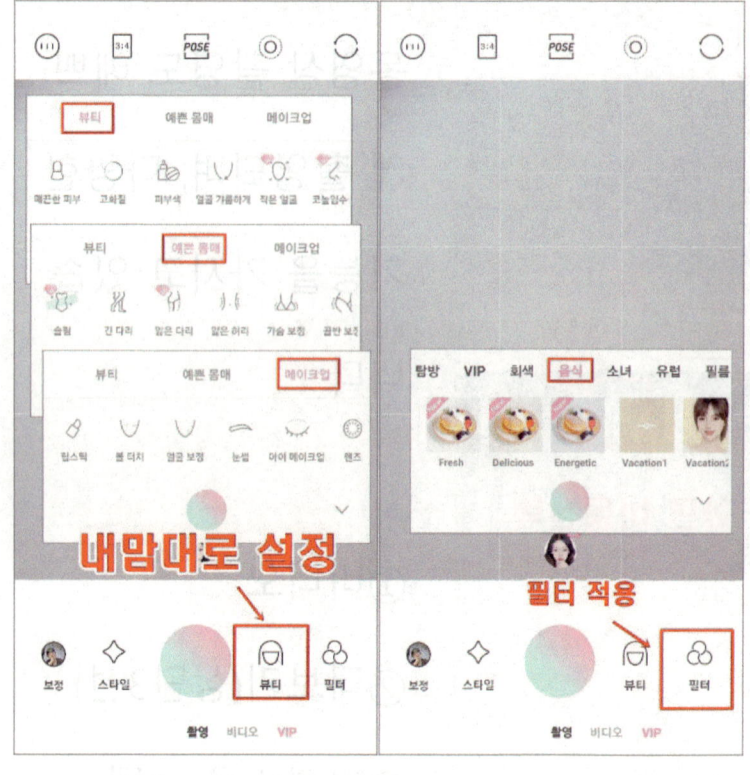

내 맘대로 필터를 설정할 수 있습니다. 예쁜 필터를 찾아서 적용하는 것이 전문가처럼 보입니다.

① 뷰티(내맘대로)
② 뷰티 설정
③ 예쁜 몸매 설정
④ 메이크업 설정
⑤ 필터 적용

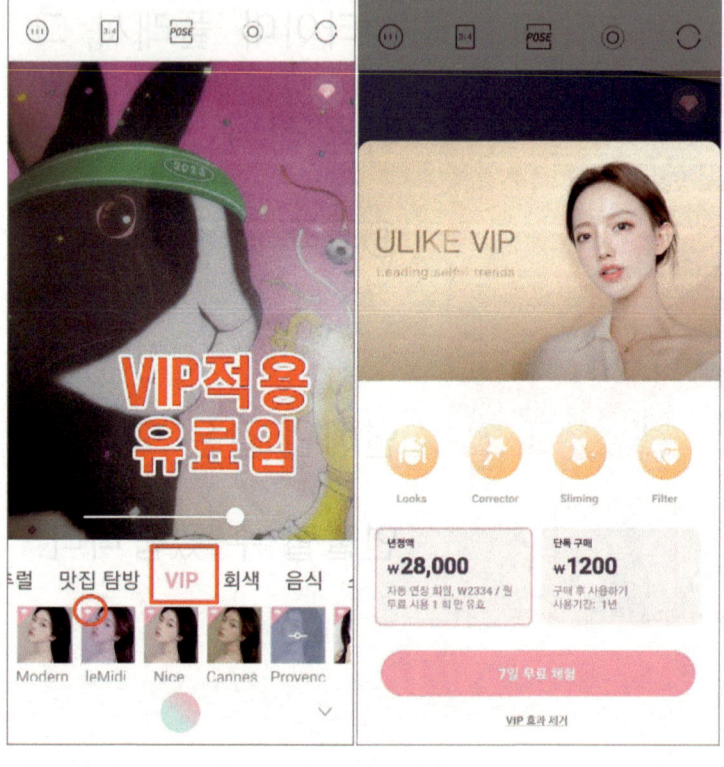

VIP 사용 X

유료를 적용하지 않아도 예쁜 사진을 얻을 수 있습니다.

4장

카카오톡 스마트하게 사용하기

국민 SNS 카카오톡

카카오톡은 대한민국의 대표적인 국민 SNS로 텍스트 메시지뿐만 아니라 사진, 영상, 음성 메시지를 주고 받을 수 있습니다. 또한 위치 정보, 음악, 문서 파일 전송까지 가능한 플랫폼입니다.

음성 통화 화상통화는 물론 라이브톡이 가능하고 다양한 기능을 활용하면 편리한 메신저입니다.

선물하기, 쇼핑하기, 편리한 교통 등 다양한 서비스도 알게 됩니다.

카카오톡 주요 기능

카카오톡 스마트하게 사용하기

글씨 사이즈 조정

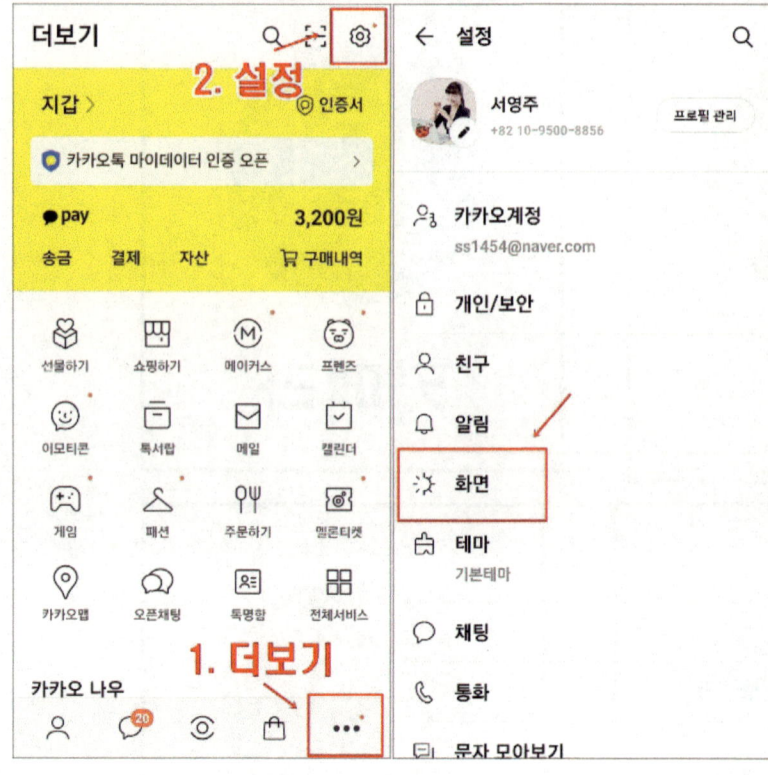

글씨 사이즈는 자신의 시력에 맞게 조정하여 사용합니다.

①더보기

②설정

③화면

④글자크기(조정)

⑤배경화면 설정

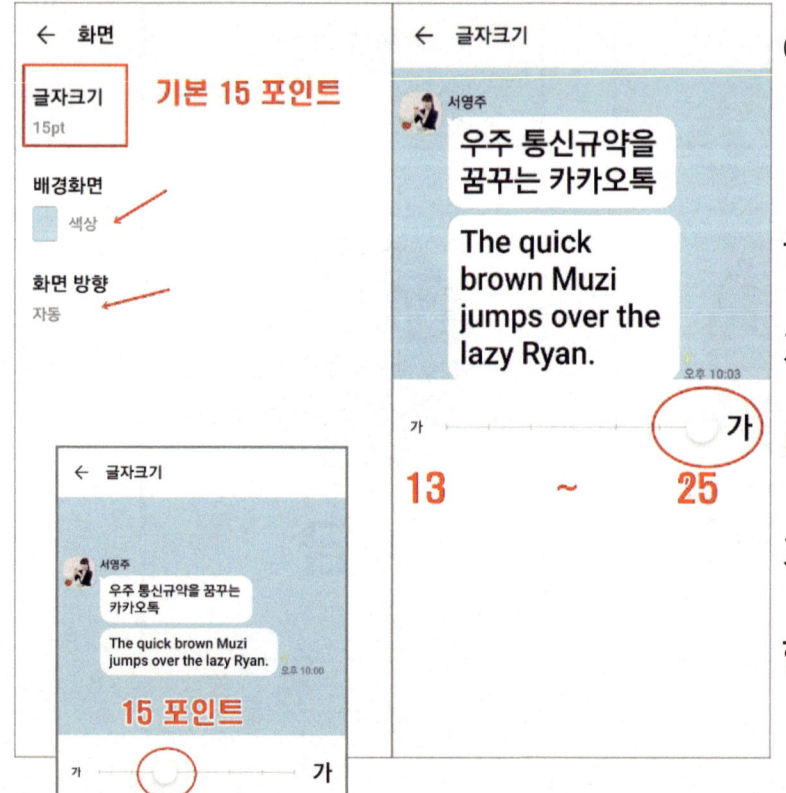

글자크기는 13~15까지 가능하나, 너무 크면 화면에 전체 글씨가 보이지 않아 불편합니다.

사진, 영상 보내기 설정

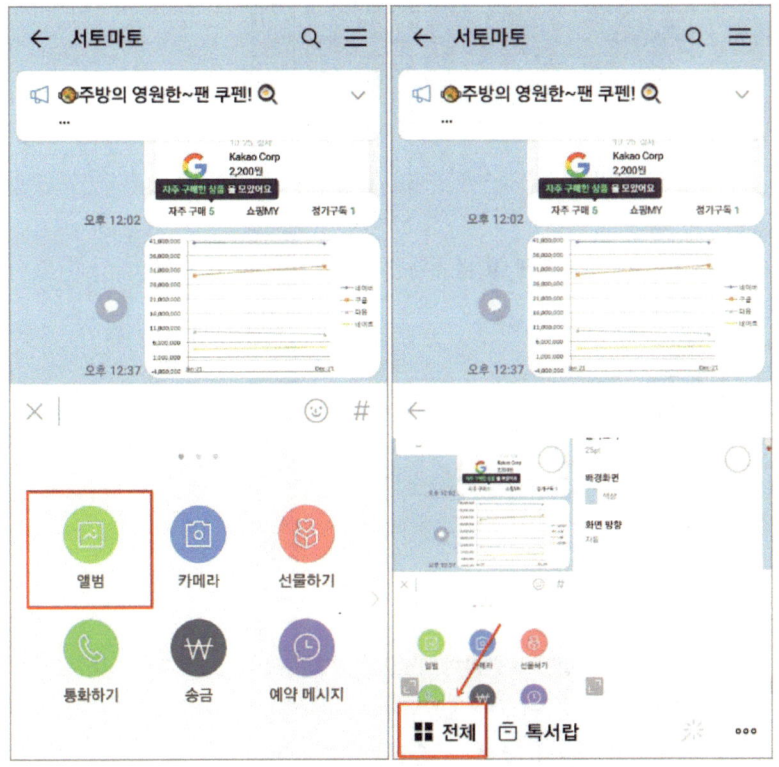

글씨 사이즈는 자신의 시력에 맞게 조정하여 사용합니다.

① 톡방 '+' 버튼
② 앨범
③ 전체
④ 사진 묶어보내기 on
⑤ 더보기(점세개)
⑥ 화질
(원본, 고화질 on)

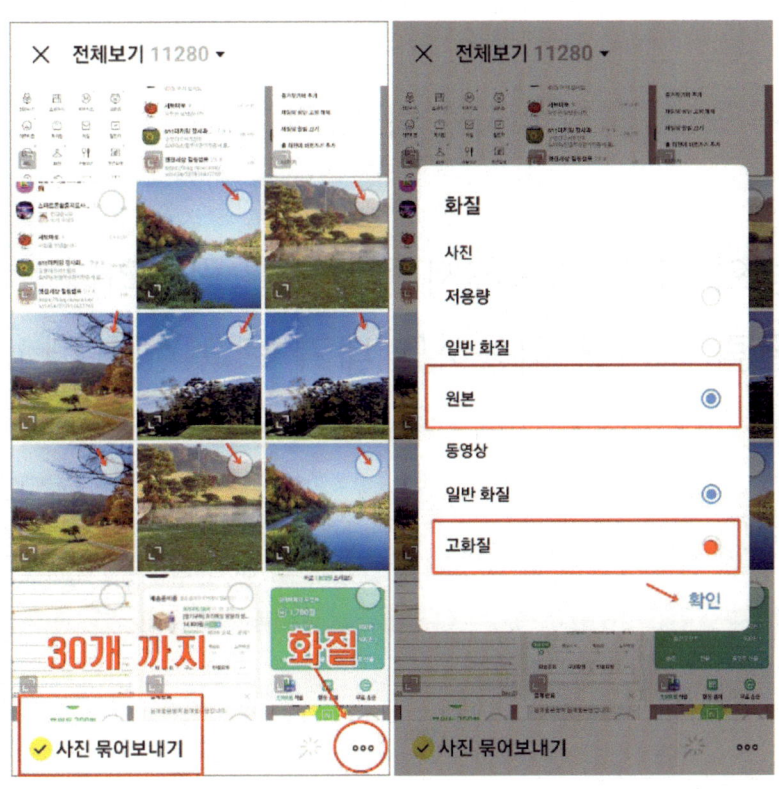

사진 묶어 보내기 30개 까지 가능 / 원본, 고화질 선택

단톡방 관리 설정 – 알림 끄기

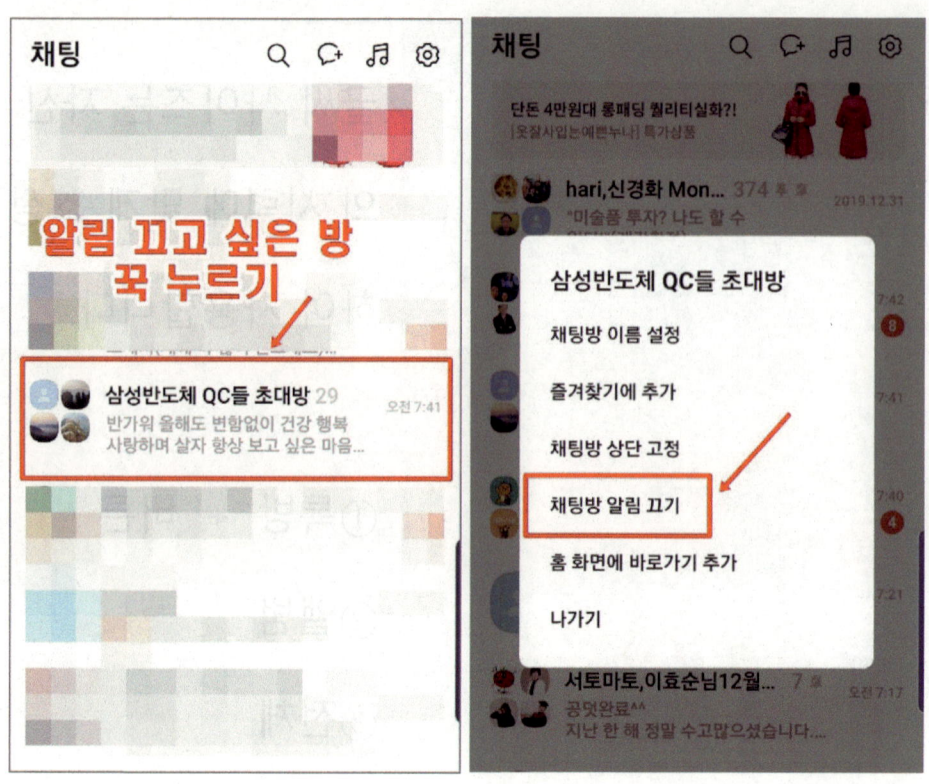

알림 끄고 싶은 채팅방 꾹 누르기 – 채팅방 알림 끄기

사람이 많은 단체 톡방의 경우, 계속해서 울리는 알림소리에 스트레스 받지 말고 알림 끄기를 이용하면 내가 보고 싶을 때 열어보면 됩니다.

단톡방 관리 설정 - 채팅방 상단 고정

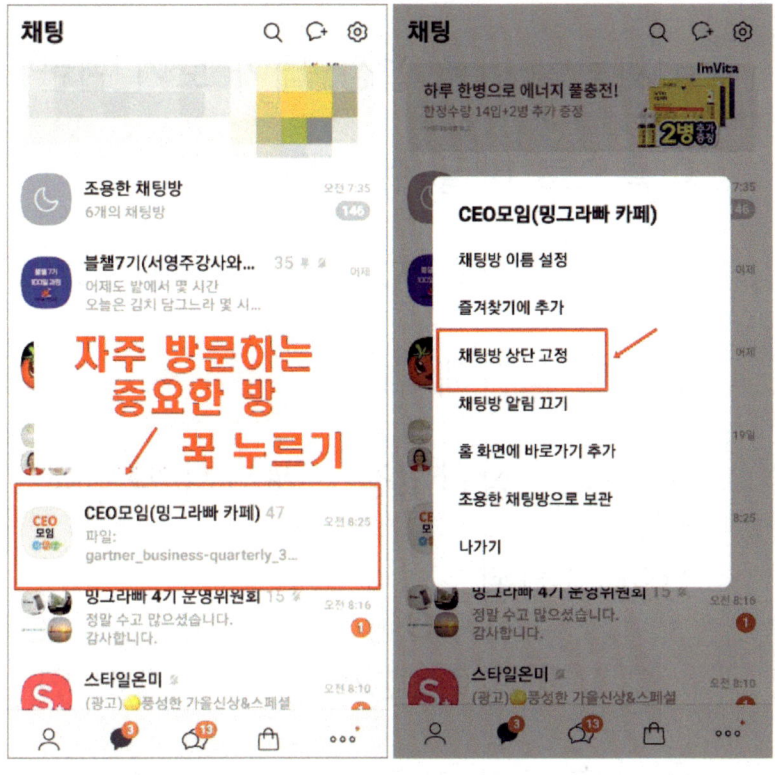

방장이거나, 자주 봐야 할 톡방이 있다면 상단에 고정해 놓고 보세요. 찾는 불편함이 없습니다.

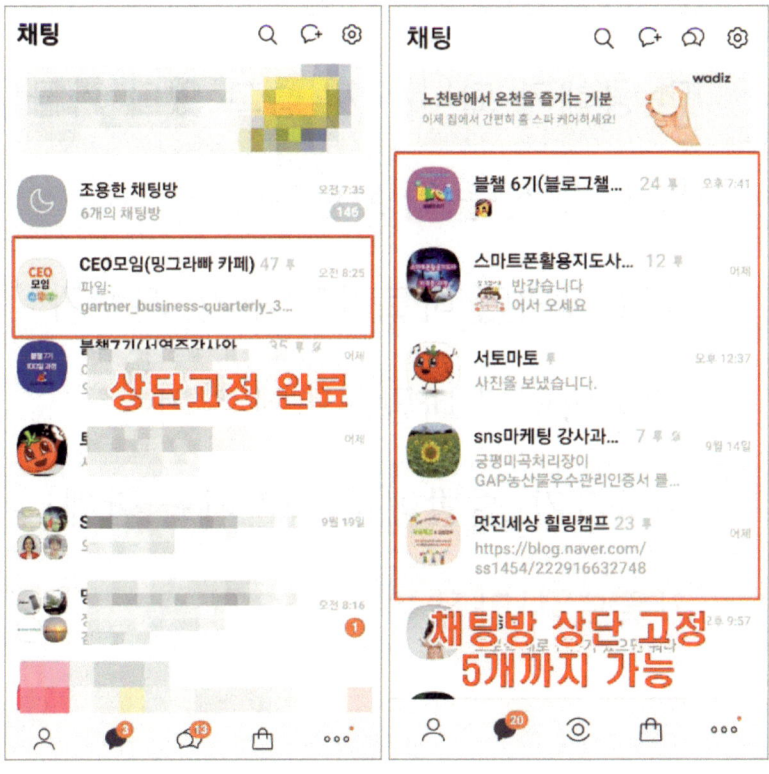

①톡방 꾹 누르기
②채팅방 상단고정

조용한 채팅방 다음으로 상단에 배치됨

자주가는 채팅방 상단 고정은 5개까지 상단 고정 가능)

단톡방에서 사용되는 여러가지 기능

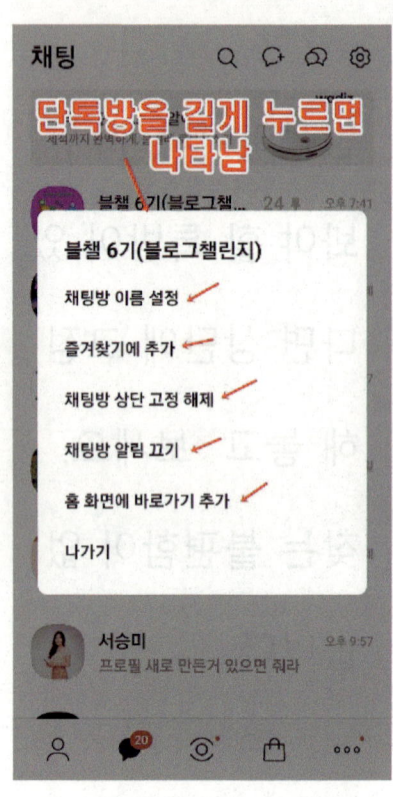

① 채팅방 이름 설정: 내가 보기 편한 이름으로 바꿀 수 있음

② 즐겨찾기에 추가: 친구 목록 즐겨찾기로 상단에 위치

③ 채팅방 상단고정: 5개까지 채팅창 상단 고정됨

④ 채팅방 알림 끄기: 인원이 많이 있는 단톡방의 경우, 알림이 계속 울리면 공해가 되니까 꺼 놓고 있다 가끔씩 보고 싶을 때 보면됨

⑤ 홈 화면에 바로가기 추가: 자주가는 톡방이면 바탕화면에 추가

⑥ 나가기: 톡방에서 나가기와 함께 기록도 사라짐

채팅방 이름 바꾸기

단톡방 관리 설정 - 조용한 채팅방

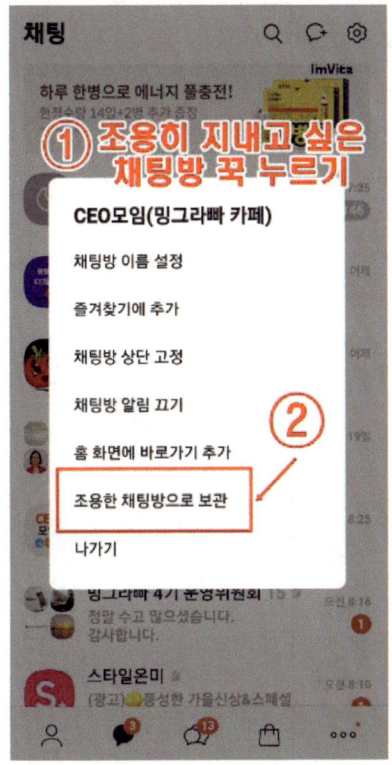

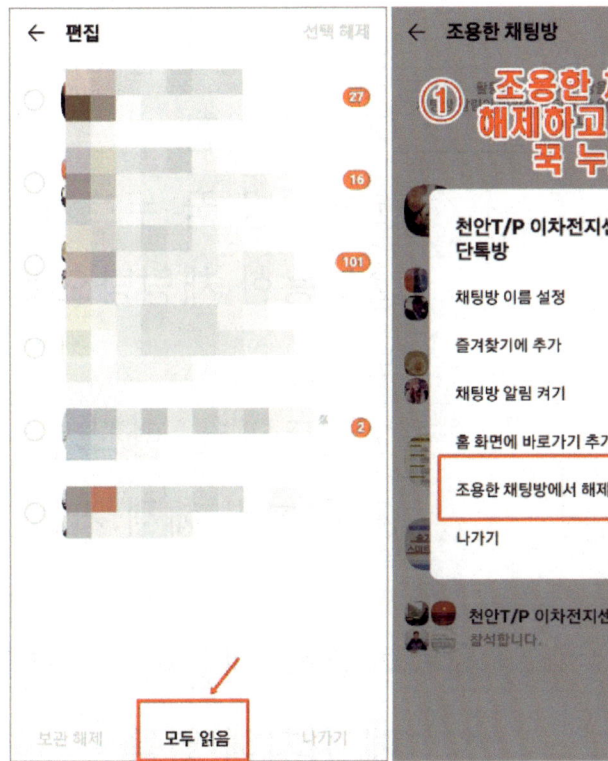

①채팅방 꾹 누르기

②조용한 채팅방으로 보관

③이동완료, 편집가능

④꾹 눌러 해제 가능

조용한 채팅방은 상단에 있음

조용한 채팅방은 알림도 울리지 않고 숫자 표기도 없음 보고 싶을 때 열어보는 채팅방 임(오픈채팅은 안됨)

단톡방 관리 설정 - 조용한 채팅방

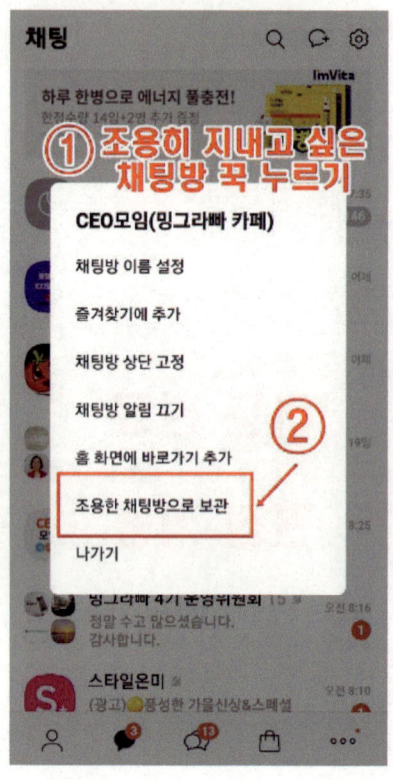  

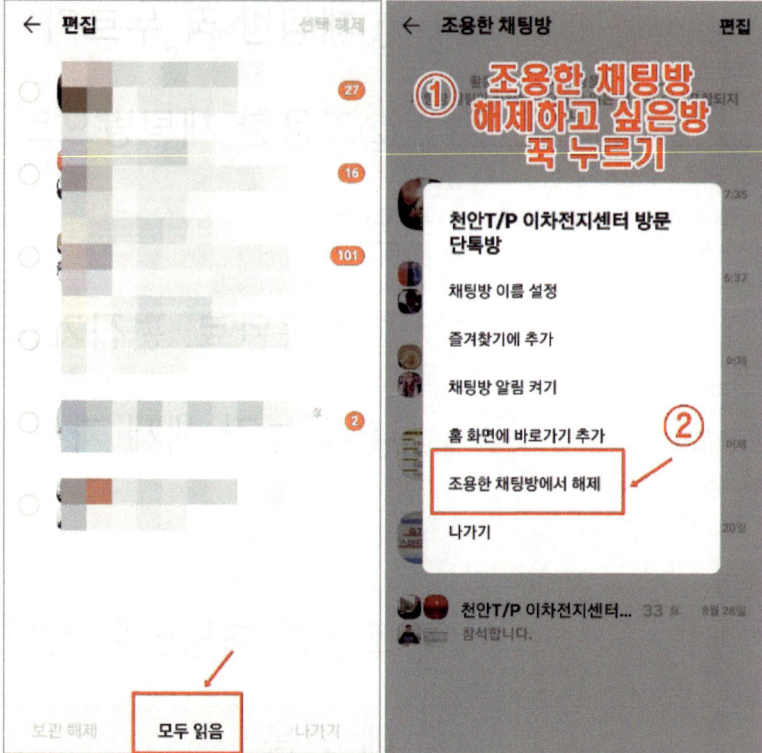

사용 전 실험실 on 되어 있어야함
① 채팅방 꾹 누르기
② 조용한 채팅방으로 보관
③ 이동완료, 편집가능
④ 꾹 눌러 해제 가능

조용한 채팅방은 상단에 위치해 있음

조용한 채팅방은 알림도 울리지 않고 숫자 표기도 없음 보고 싶을 때 열어보는 채팅방 임(오픈채팅은 안됨)

카카오톡 캡처하기

지저분하게 지운 사람 이름을 깨끗하게 바꾸고 개인 이름 정보를 가려주는 기능입니다.

카카오톡 캡처하기 - 개인 정보 가리기

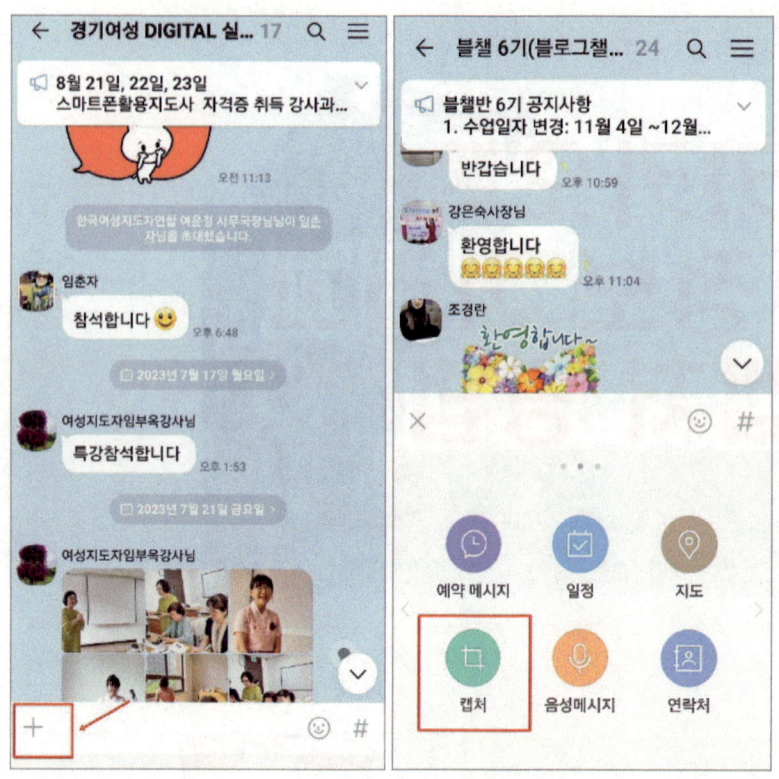

채팅창 - 톡방에서

① 해당 톡방 '+' 버튼

② 캡처

③ 캡처 옵션

④ 카카오프렌즈

⑤ 바탕화면 터치

(검은색 면 터치)

캡처해서 SNS에 올릴 때, 또는 다른 사람들께 보여주는 용도로 사용하면 좋음

카카오프렌즈나 모자이크 해서 캡처하기

카카오톡 캡처하기 – 개인 정보 가리기

캡처 옵션 선택 후

①카카오프렌즈 이름으로 바뀜

②선택 영역 지정하기

③긴 내용도 한 장으로 가능

④저장하기

갤러리에 저장되어 있음

장점: 개인정보 보호, 자유로운 영역 선택, 배경 선택 가능

카카오톡 스마트하게 사용하기

연락처 보내기

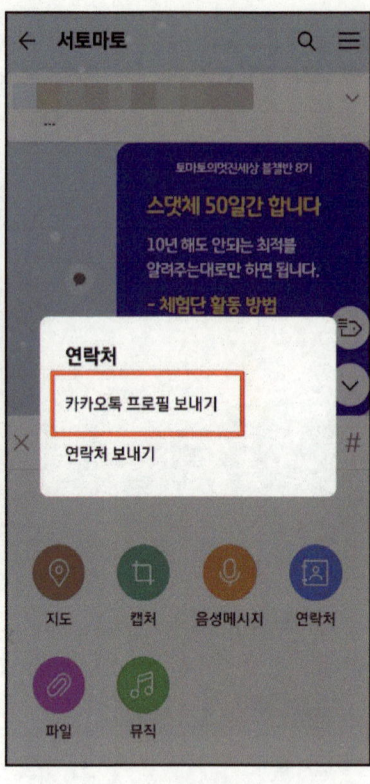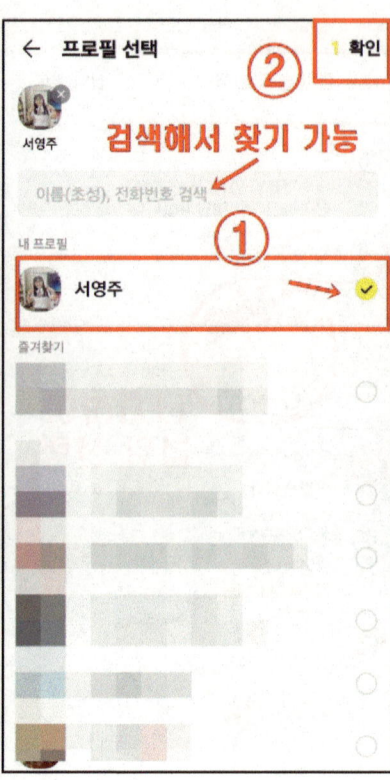

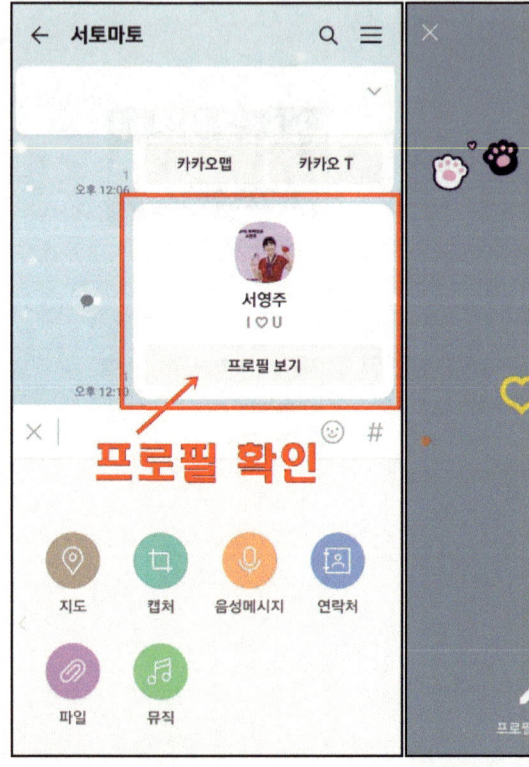

①톡방 '+' 버튼

②연락처

③카카오톡 프로필 보내기

④친구 검색 - 확인

⑤프로필 보기

연락처를 '카카오톡 프로필 보내기'로 하면 카톡 프로필을 미리 볼 수 있다.

지도, 현재 위치 보내기

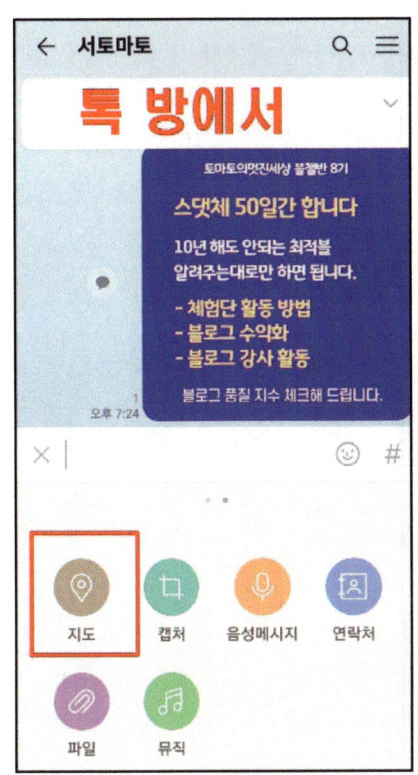

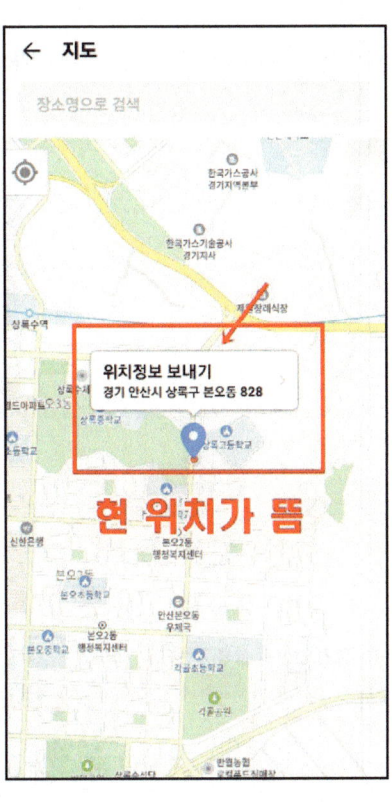

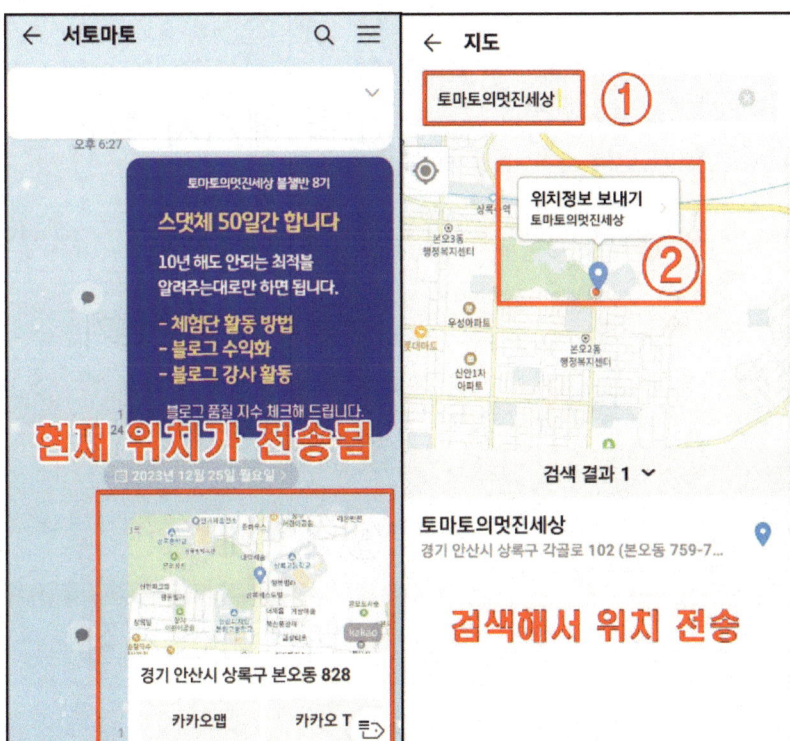

① 톡방 '+' 버튼

② 지도

③ 현 위치정보 보내기

④ 위치 검색

⑤ 위치정보 보내기

현재 위치정보, 또는 만날 장소 보내기로 활용

지도, 현재 위치 보내기

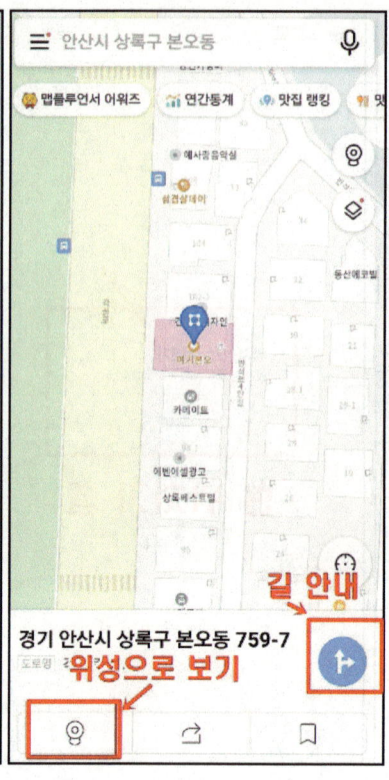

①톡 메시지 확인

②카카오맵

③위성으로 보기

④주변 확인 가능

⑤길안내

내비게이션 시작

위치정보 클릭으로 장소 확인 및 길 안내 가능함

카카오톡 책갈피 설정

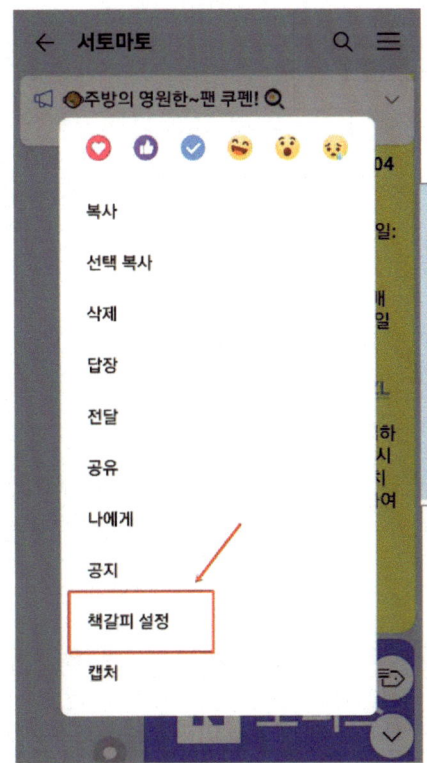

①채팅방에서 중요한 내용(사진) 꾹 누르기

②책갈피 설정

③책갈피 모양 누르기

④편집

⑤제목 입력

⑥확인

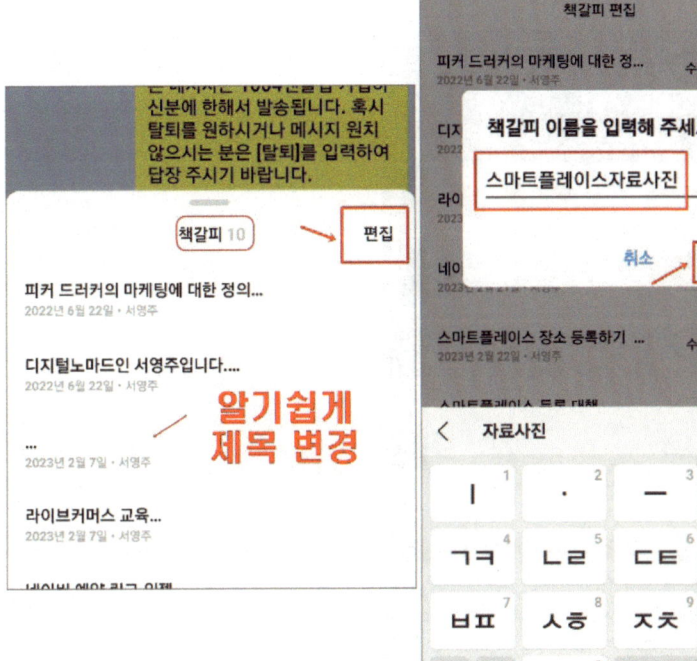

중요한 사항은 책갈피로 보관해서 사용

카카오톡 책갈피 설정

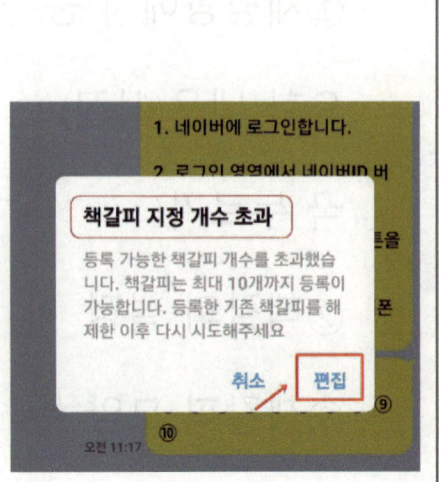
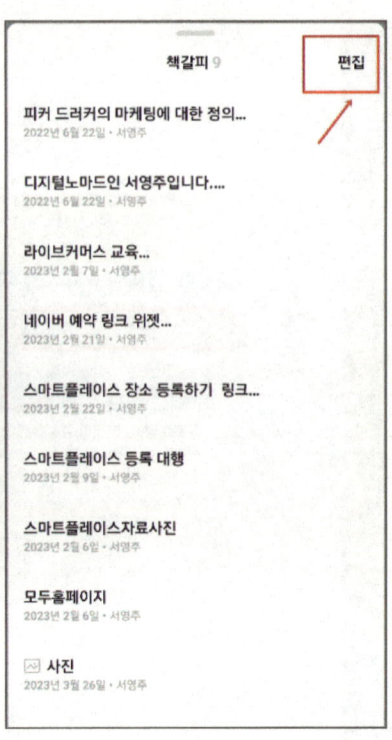

책갈피 설정 가능 개수 10개

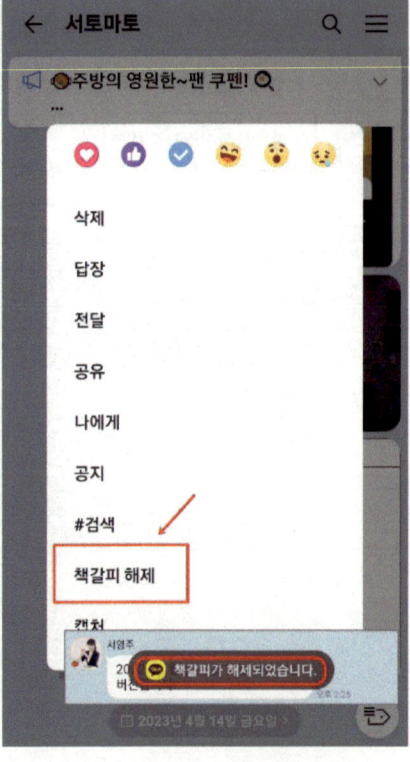

편집을 눌러 해제 후 신규 등록하여 사용

카카오톡 선물하기 쇼핑하기

선물하기는 생일, 기념일, 축하, 감사의 마음을 담은 선물을 할 때 카카오톡으로 선물하기를 이용하면 간편하게 마음을 전할 수 있습니다.

받는 사람은 주소만 입력하면 되고 주는 사람은 시간과 경비를 절약할 수도 있어 편리합니다.

원하는 색상, 디자인을 고를 수 있는 장점도 있습니다.

쇼핑하기도 선물하기와 마찬가지로 사고 싶은 제품을 카카오톡에서 쉽게 구매할 수 있습니다.

카카오톡 선물하기

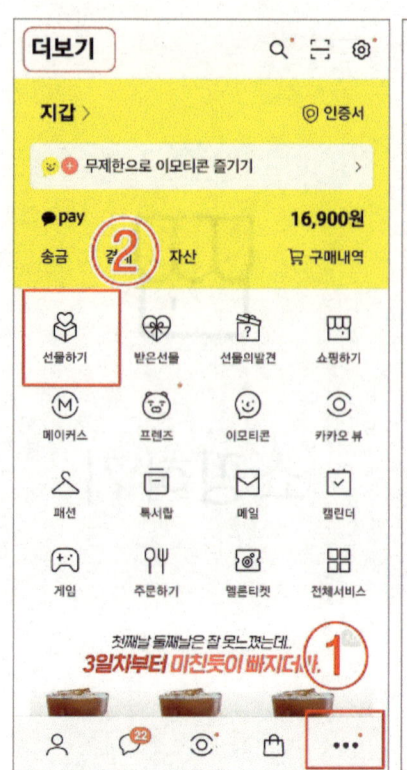

①더보기(점세개)

②선물하기

③선물종류 선택

④가벼운 선물

⑤추천 검색 이용

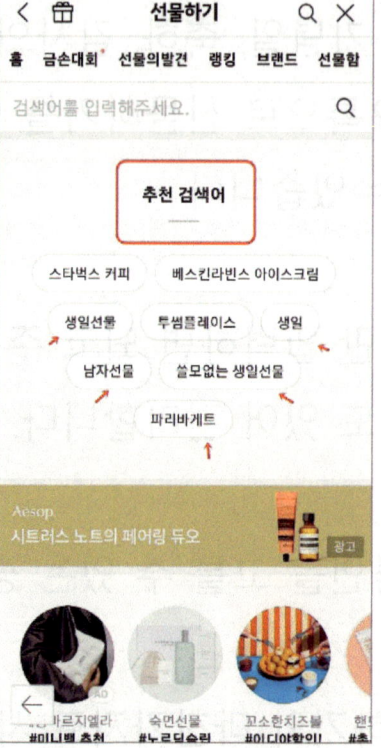

추천 검색어를 이용하면 편리함

카카오톡 선물하기

① 검색

② 선물 종류 검색

③ 적절한 상품 선택

④ 선물하기 또는

나에게 선물하기

⑤ 나에게 선물하기

나에게 선물하기는 쇼핑하기와 같은 기능

카카오톡 선물하기 - 나에게 선물하기

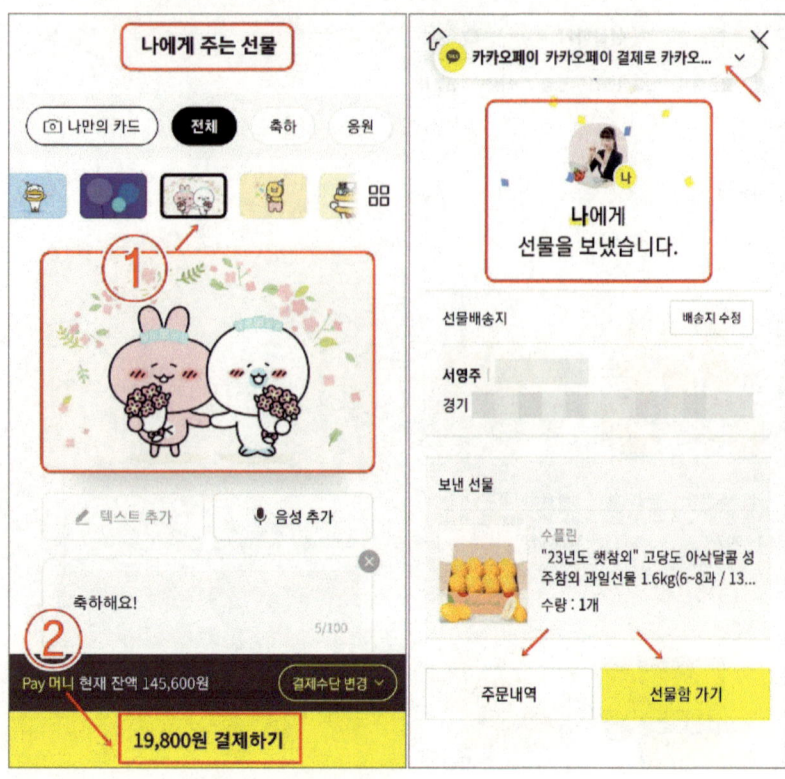

①축하카드 선택

②결제하기

③카카오톡으로

주문 완료 메시지

주문내역 보기

선물함 보기

나에게 선물하기는 구매하기와 같은 기능

카카오톡 선물하기 - 받은 선물

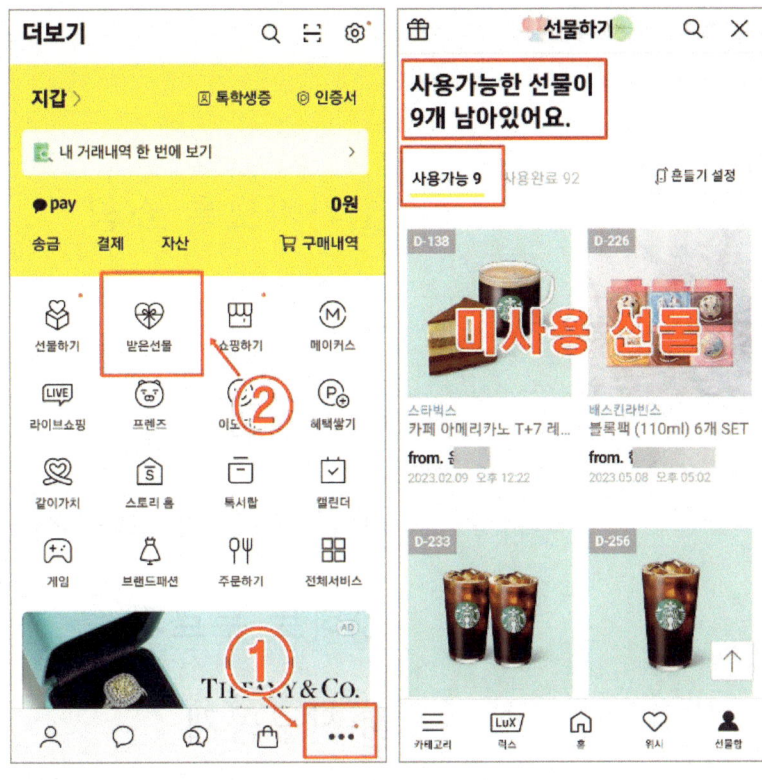

①더보기

②받은선물

③미사용 선물 확인

(사용가능 9)

 카카오톡으로 기념일에 축하 선물을 받은 경우, 미사용 선물 확인 후 이용하실 수 있습니다.

사용 방법은 해당 매장에 가서 받은선물을 클릭해서 바코드를 보여 주면 됩니다.

또한, 받은 선물은 저장 후 가족에게 나눠주어 함께 사용할 수도 있습니다.

이제 선물 주는 것도 해보겠습니다.

위시리스트 담아두기 = 받고 싶은 선물

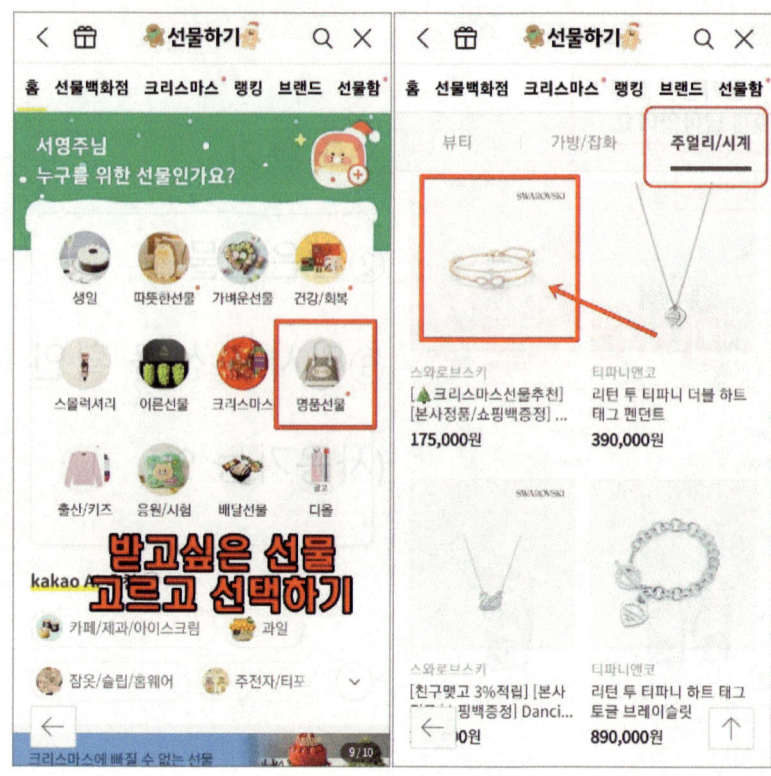

① 카카오톡 쇼핑

② 선물하기

③ 선물함

④ 선물 종류 고르기

⑤ 하트 누르기

⑥ 친구공개

⑦ 담기

⑧ 상품 검색 추가하기

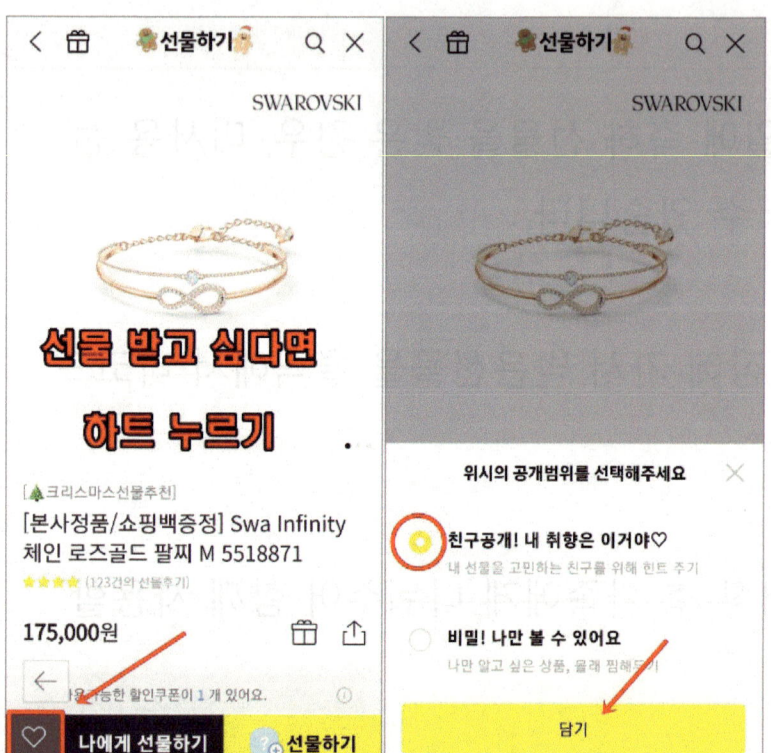

가격대 별로 받고 싶은 선물 위시리스트에 담아 놓으면 좋음

내 위시리스트 관리

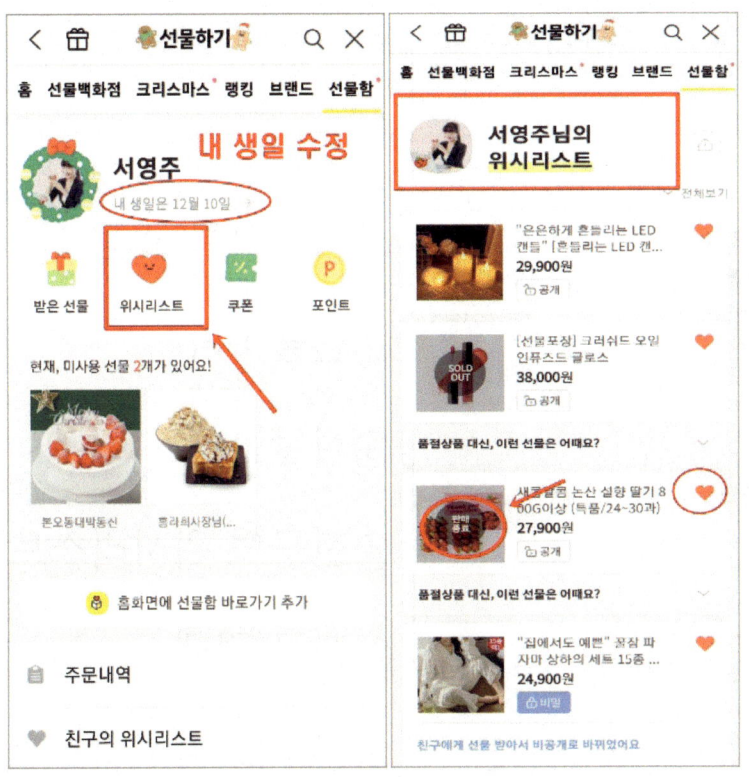

① 카카오톡 쇼핑

② 선물하기

③ 내생일 수정(확인)

④ 위시리스트

⑤ 품절상품 빼기

⑥ 비슷한 상품 보기

⑦ 위시리스트 추가

내 위시리스트에 받고 싶은 담아 놓으면 친구가 선물 고를 때 좋아함

카카오톡 선물하기 - 친구의 위시리스트

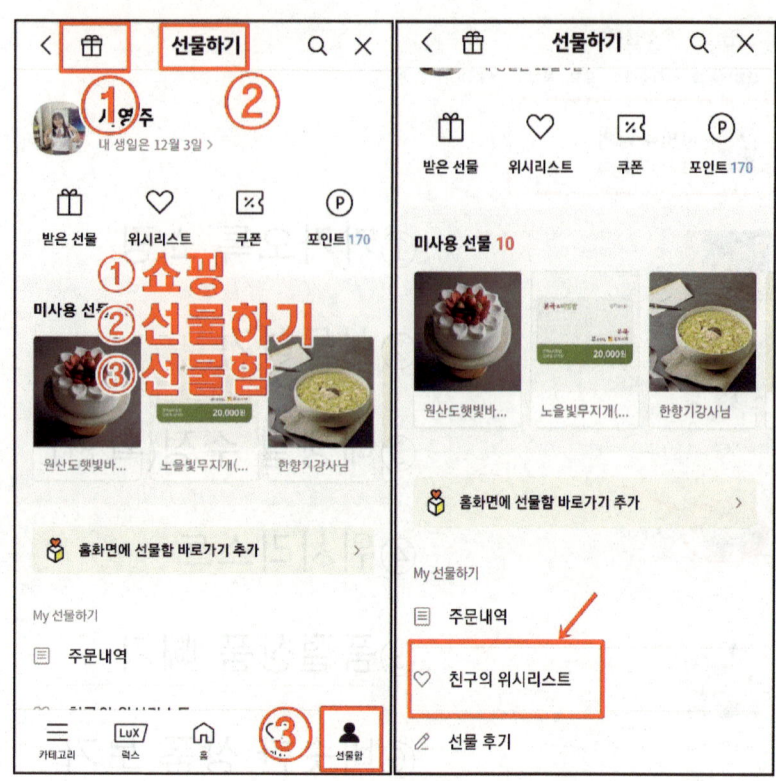

① 카카오톡 쇼핑

② 선물하기

③ 선물함

④ 친구의 위시리스트

⑤ 친구 검색

⑥ 친구의 위시리스트 중 상품 선택

⑦ 선물하기

⑧ 결제하기

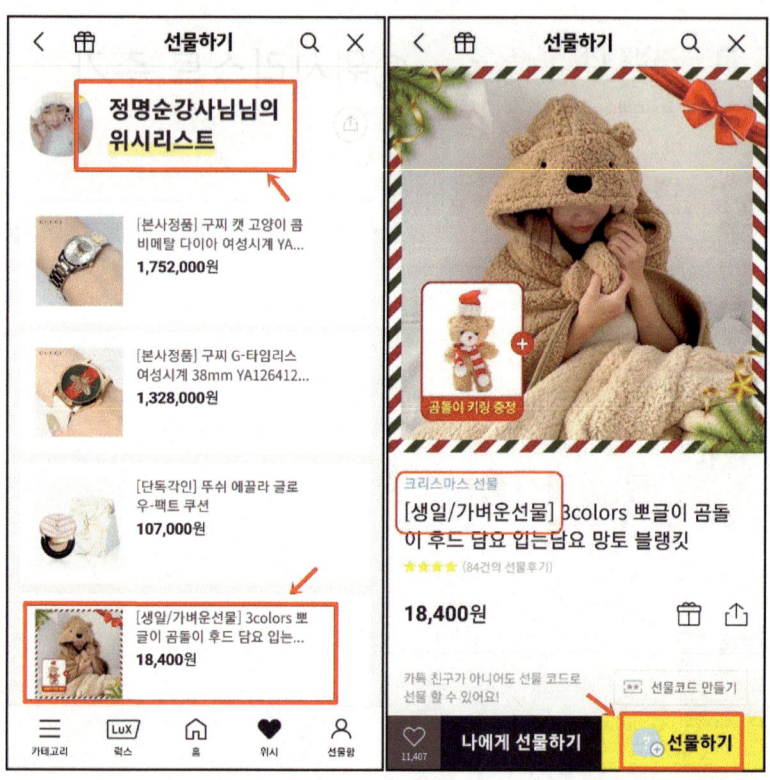

친구의 위시리스트를 보고 친구가 원하는 선물을 할 수 있음

카카오톡 송금하기

① 친구 목록

② 친구선택

③ 친구 프로필

④ 송금하기(₩)

⑤ 송금하기

실명으로 확인되지 않을 경우, 상대에게 확인 후 송금해야 합니다.

송금을 못 받을 경우도 있음(본의 명의가 아닌 경우)

카카오톡 송금하기 - 방법 1

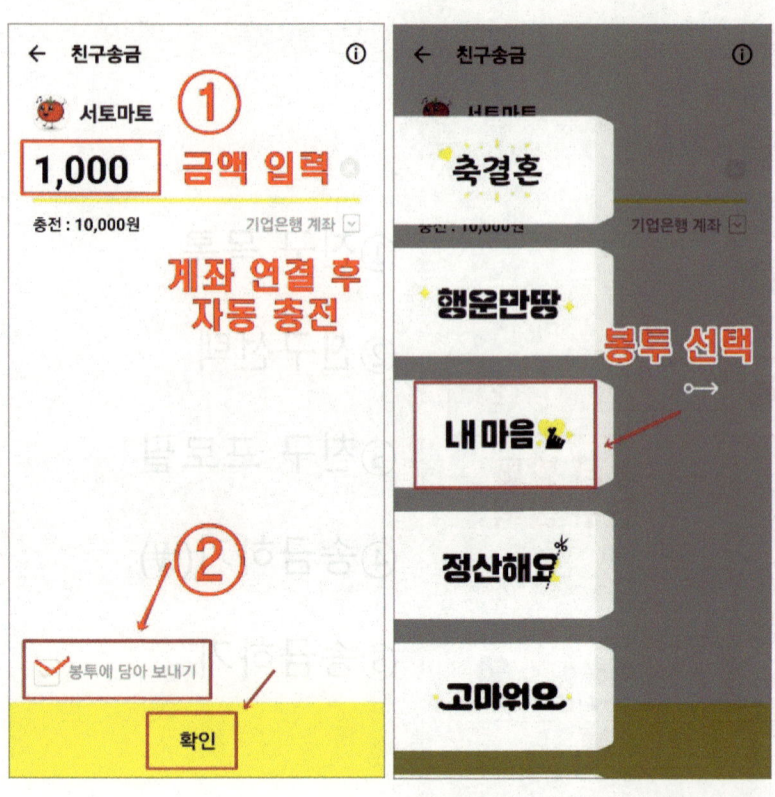

① 금액 입력

② 계좌 연동하기

③ 봉투에 담기

④ 봉투 선택

⑤ 확인

⑥ 보내기

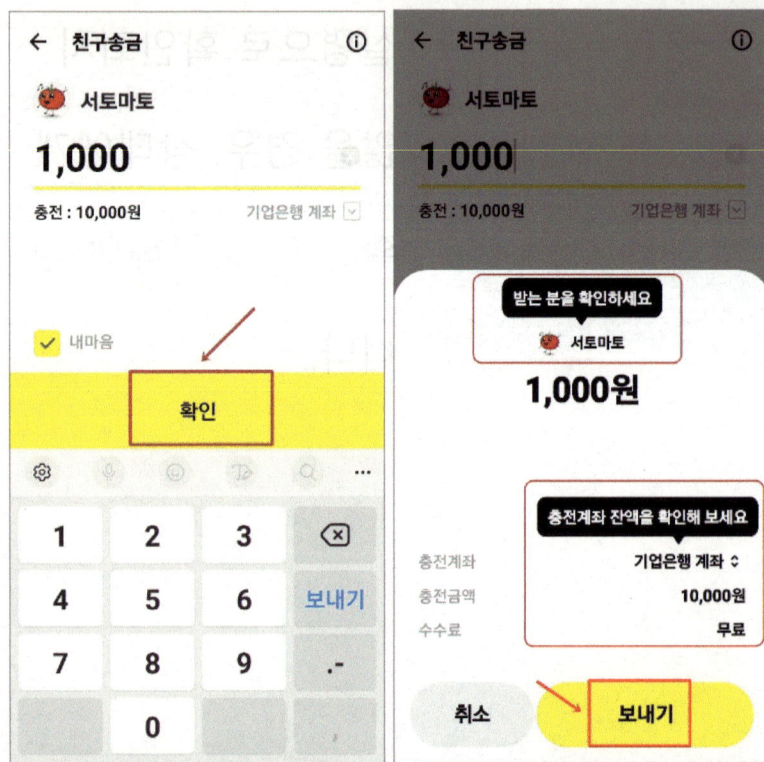

잔액이 부족할 경우 계좌에서 자동 충전되어 보내짐

카카오톡 송금하기 - 방법 1

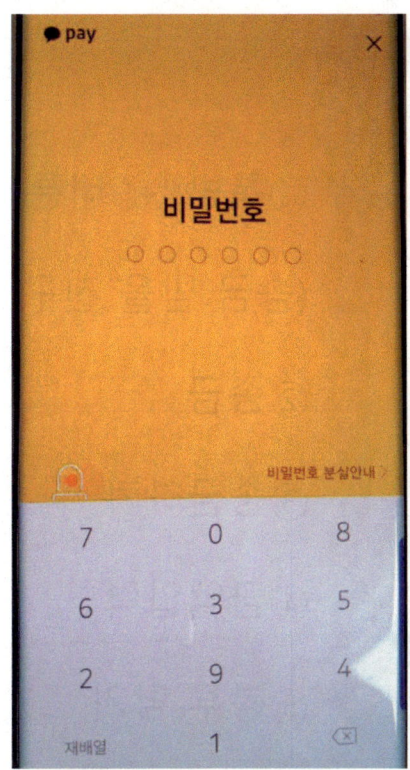

① 비밀번호 또는 지문으로 본인 인증

② 확인

③ 송금 완료

④ 카톡 메시지

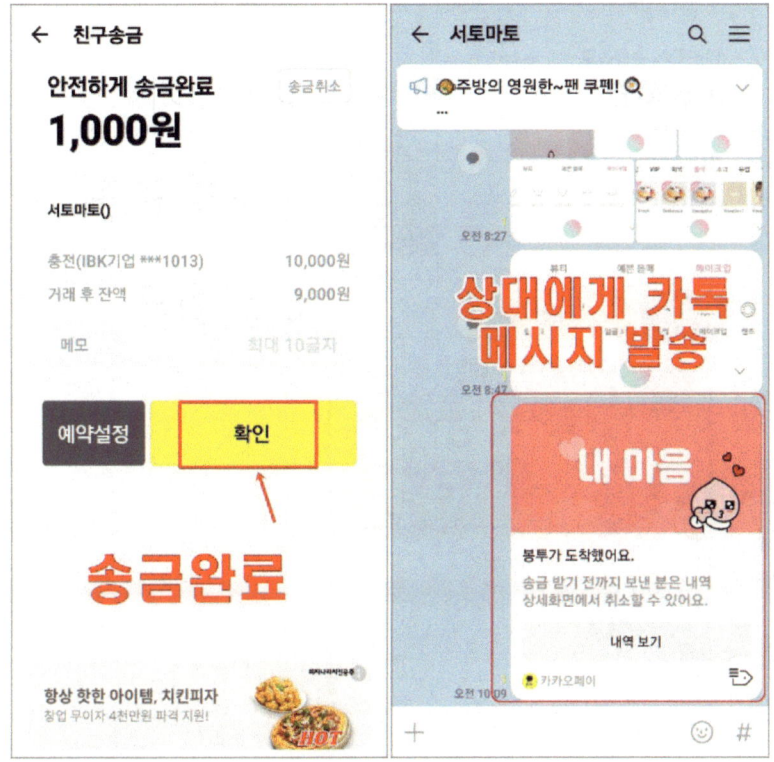

카톡 메시지 누르면 자동으로 받기 됨

계좌에서 간편하게 송금하기 가능

카카오톡 송금하기 - 방법 2

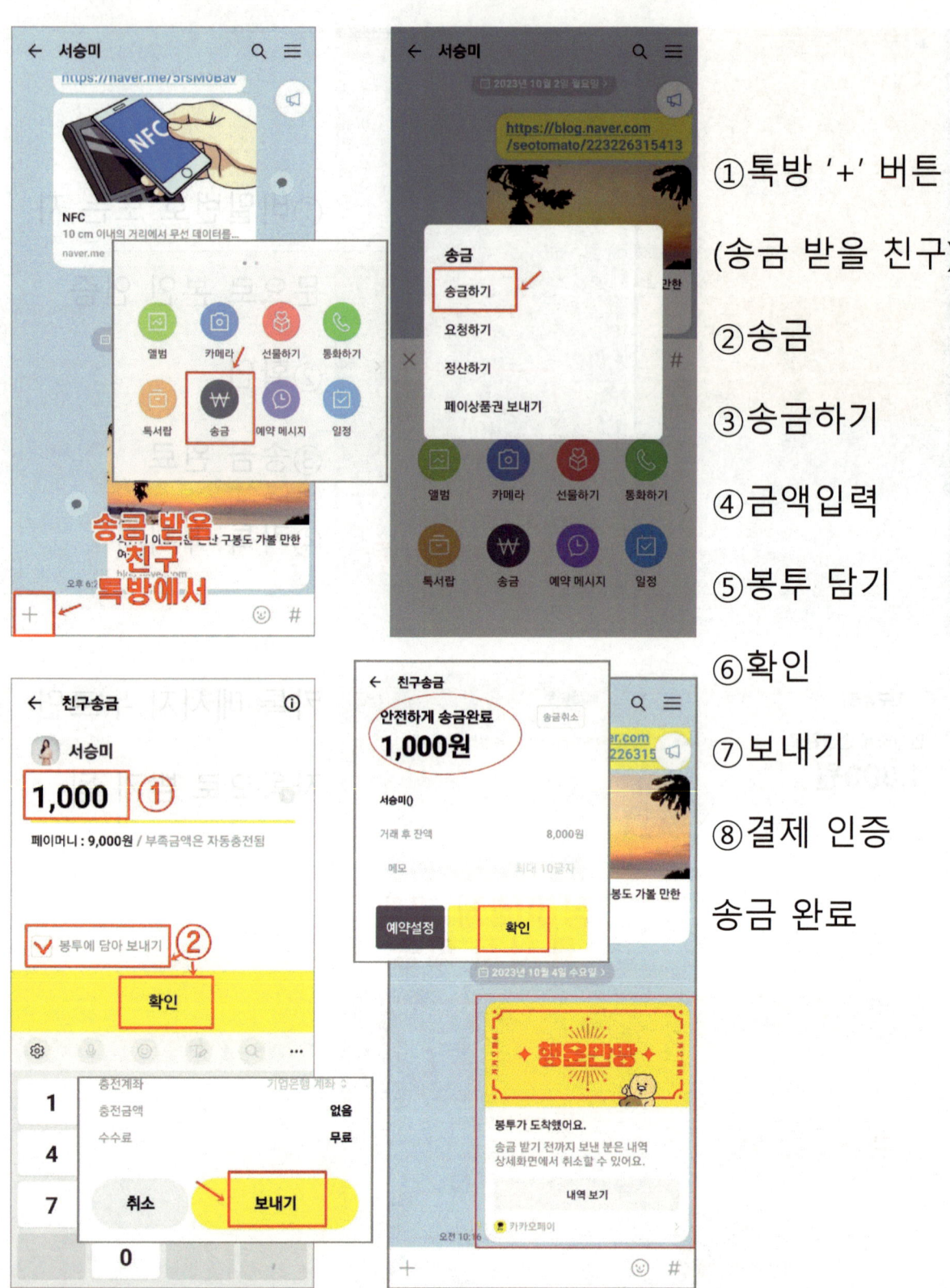

① 톡방 '+' 버튼

(송금 받을 친구)

② 송금

③ 송금하기

④ 금액입력

⑤ 봉투 담기

⑥ 확인

⑦ 보내기

⑧ 결제 인증

송금 완료

봉투에 담을 경우 금액이 노출되지 않음

카카오톡 송금하기 - 부의금

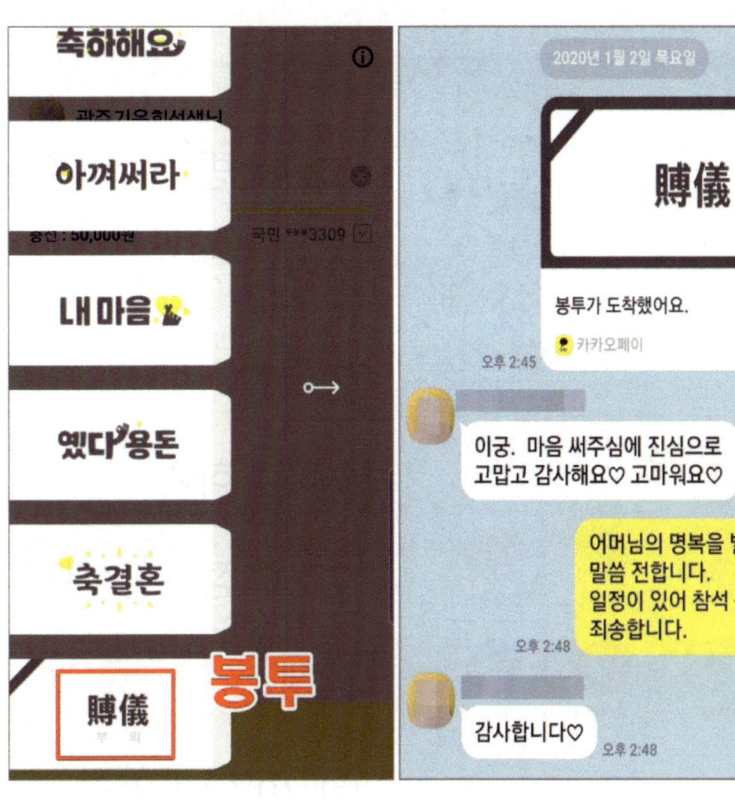

①톡방 '+' 버튼

(봉투 받을 친구)

②송금

③송금하기

④금액입력

⑤봉투 담기

(부의 봉투)

⑥확인

⑦보내기

⑧결제 인증

먼 곳에 있는 지인의 장례식에 참석하지 못할 경우, 또는 참석을 하지 못할 경우에 부의금 봉투를 이용해 마음을 전할 수 있어 좋습니다.

코로나로 인해 경조사에 참석이 어려울 때 많이 이용했습니다.

카카오톡 정산하기 – 1/N

① 단톡방 '+' 버튼
(2명도 가능)

② 송금

③ 정산하기

④ 1/n 정산할 친구 선택

⑤ 1/n 정산하기

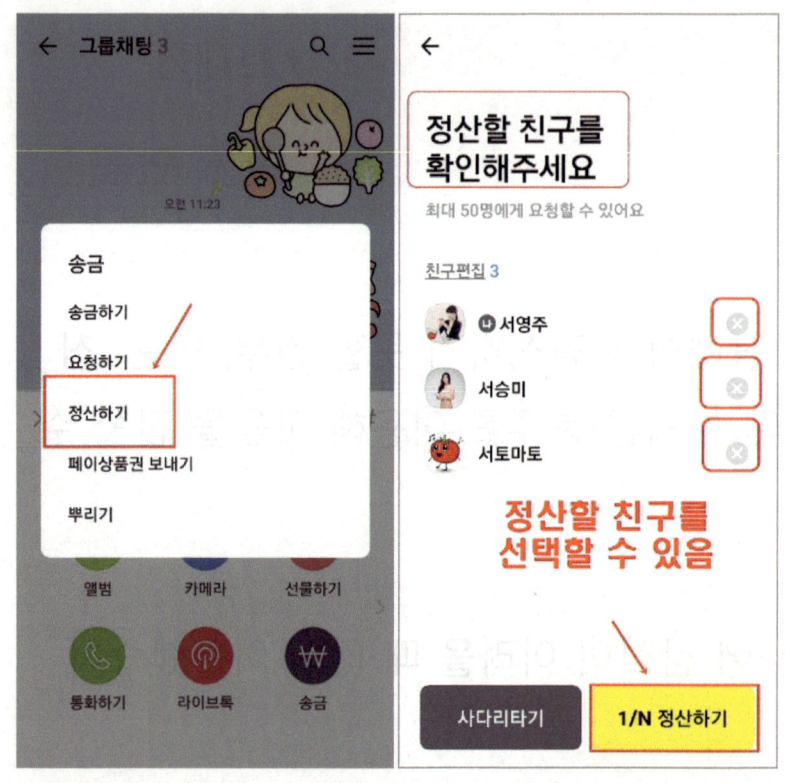

2명 이상 회비 또는 나눠 내야 할 금액을 정산할 때 활용

카카오톡 정산하기 – 1/N

① 정산 금액 입력

② 확인

③ 요청하기

④ 정산 현황 보기

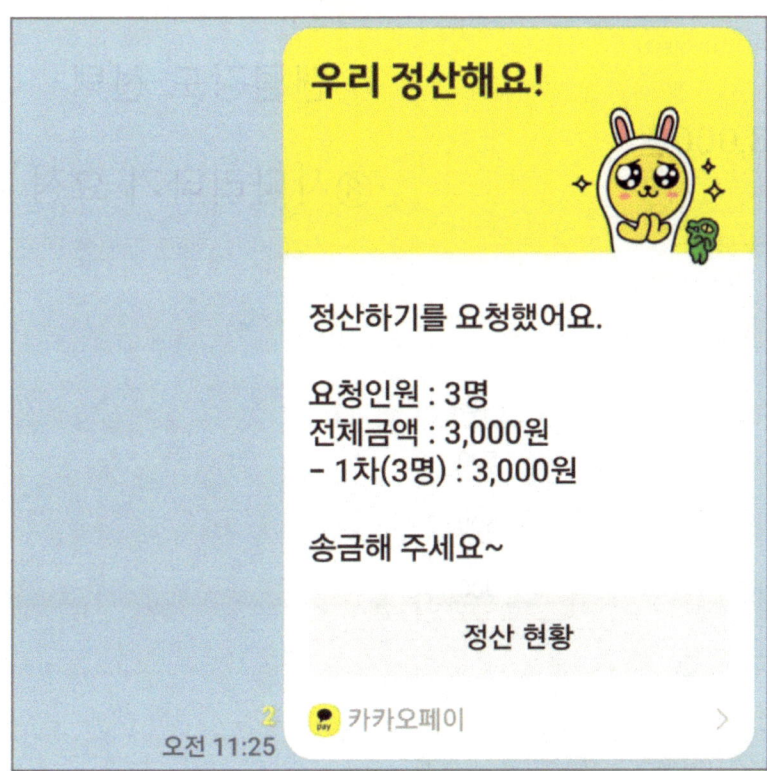

정산할 금액을 입력하면 인원수대로 나누기하여 정산 요청됨

카카오톡 정산하기 – 사다리타기

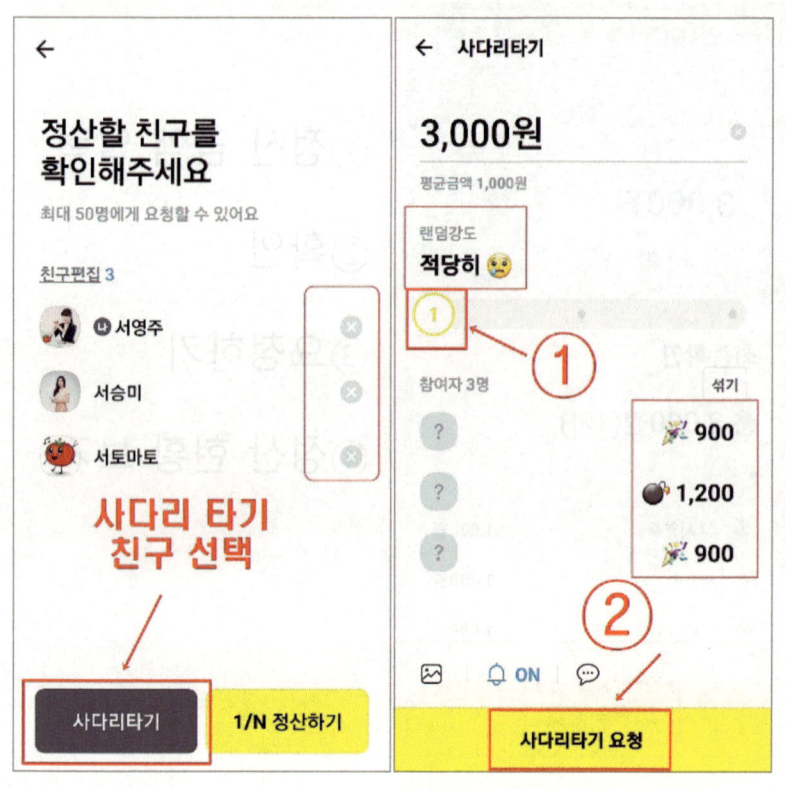

① 톡방 '+' 버튼

② 송금

③ 정산하기

(① ② ③ 사진생략)

④ 사다리타기

⑤ 친구 선택

⑥ 금액 입력

⑦ 랜덤강도 선택

⑧ 사다리타기 요청

랜덤 강도는 적당히, 무자비하게, 아찔하게로 섞어서 진행

카카오톡 정산하기 - 사다리타기

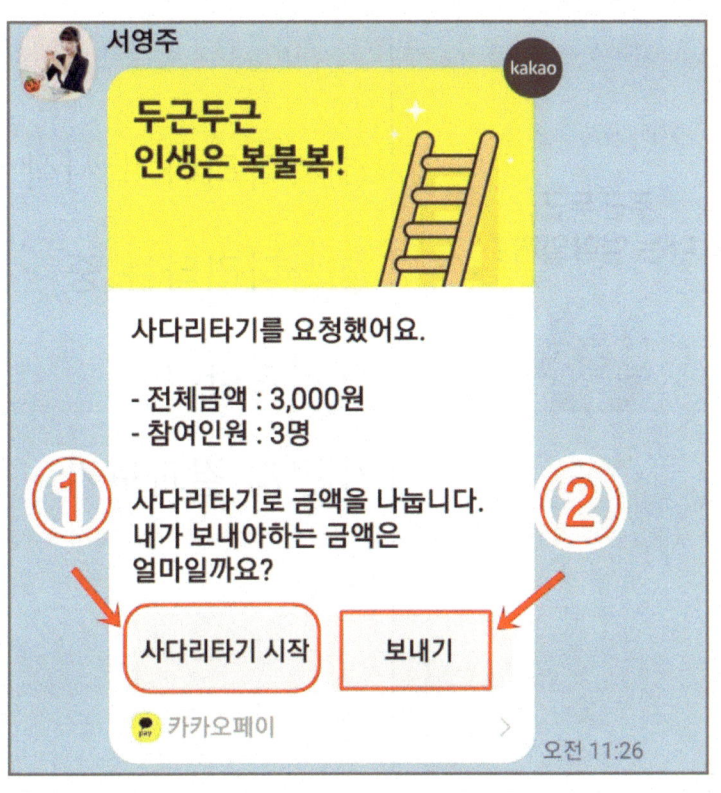

①사다리타기 시작

②보내기: 사다리타기로 당첨된 금액을 송금하기

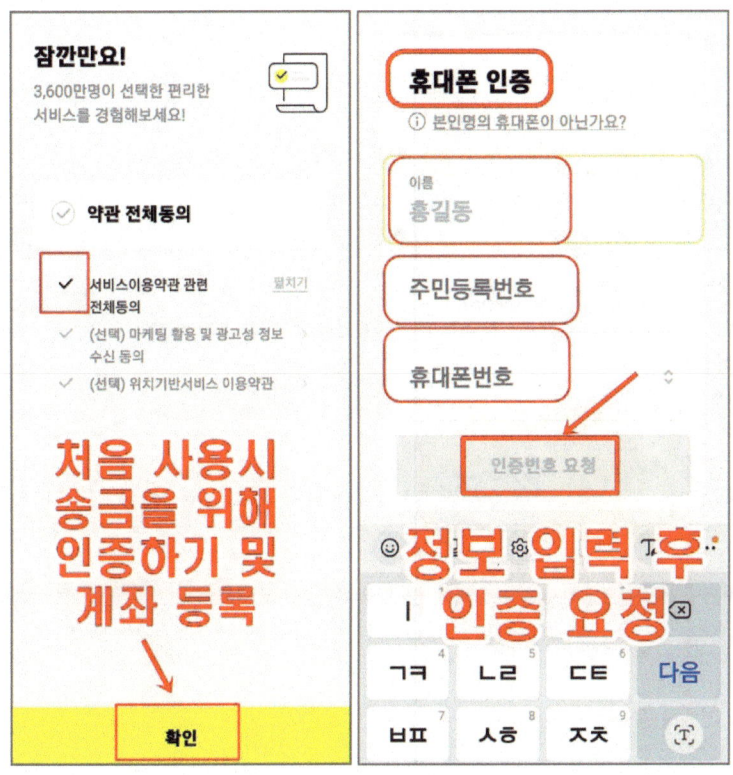

카카오페이를 처음 사용하는 사람은 본인 인증 후 계좌를 등록해서 이용할 수 있음

랜덤으로 하는 사다리타기는 재밌는 게임으로 즐길 수 있음

카카오톡 정산하기 - 사다리타기

①사다리타기 시작

②사다리타는 중

③자랑하기

④전체 결과보기

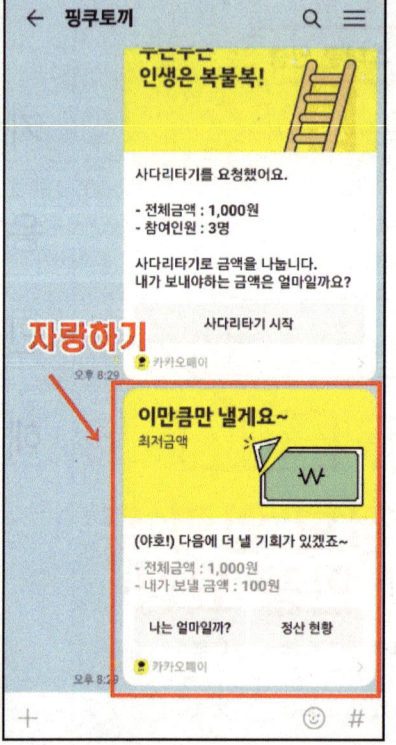

두근두근 결과 보기

정산 요청하기

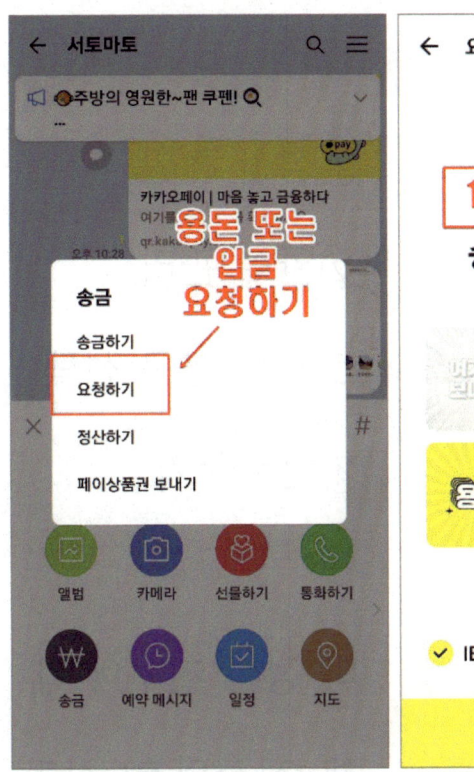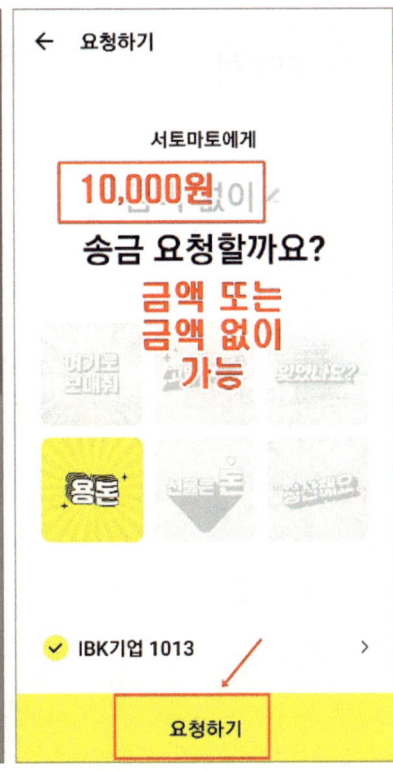

① 정산 요청

② 금액 입력

③ 요청하기

④ 송금하기

⑤ 카톡 송금 또는 계좌 송금 가능

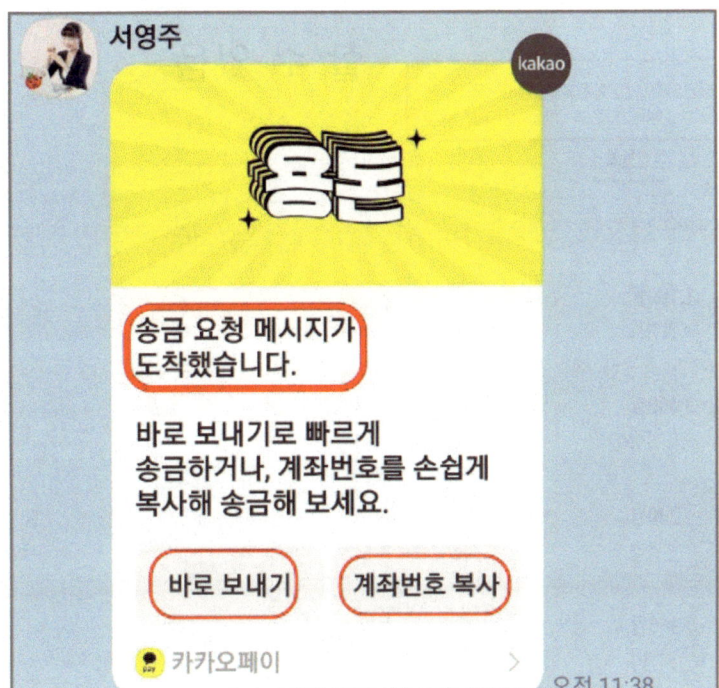

정산이 안 된 친구에게 송금 요청 가능
용돈 요청 기능도 있음

정산 완료 처리

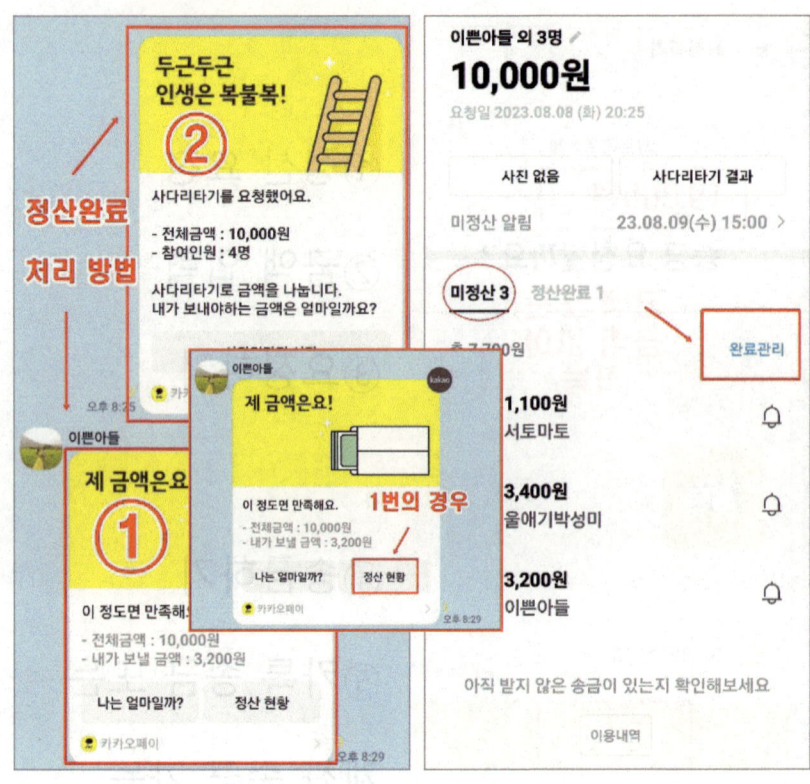

① 정산 현황

② 완료 관리

③ 완료 친구 선택

④ 완료하기

미 정산 친구에 대해 '정산완료' 처리 할 수 있음

5장

키오스크 두렵지 않아요

키오스크 두렵지 않아요

키오스크 교육 프로그램

1. 무인민원발급기
2. 패스트푸드
3. 영화관
4. 은행 ATM
5. 병원진료발급기
6. 푸드코트

무인민원발급기 - 주민등록등본 발급

① 무인민원발급기

② 주민등록

③ 주민등록등본

④ 주민등록번호 13자리 입력

⑤ 확인

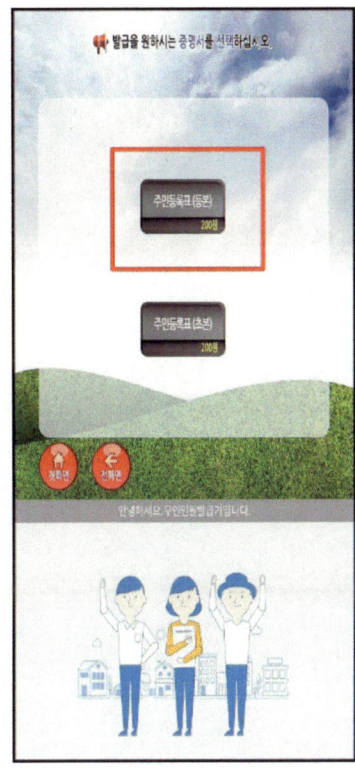

주민번호 입력 시 타인 노출 금지

무인민원발급기 - 주민등록등본 발급

①지문 인증

②제출처 선택

③포함, 미포함 선택

④확인

⑤수수료 면제 여부 선택

선택 사항 잘 확인 후 선택할 것

무인민원발급기 - 주민등록등본 발급

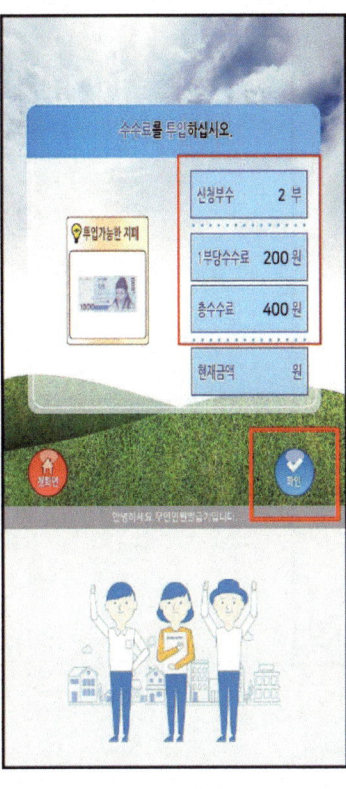

①발급 부수

②확인

③수수료 결제하기

④인쇄

⑤발급완료

주민등록등본뿐만 아니라 다른 민원 발급도 같은 순서임

패스트푸드 – 햄버거 주문하기

① 패스트푸드

② 광고판 확인

③ 매장에서 식사

포장해서 가져갈 경우, '테이크 아웃'을 선택

패스트푸드 – 햄버거 주문하기

① 햄버거 선택

② 장바구니 추가

③ 구성 세트 선택

④ 추가 메뉴 선택

⑤ 장바구니 추가

⑥ 주문완료

다양한 종류의 햄버거를 선택할 수 있음

패스트푸드 – 햄버거 주문하기

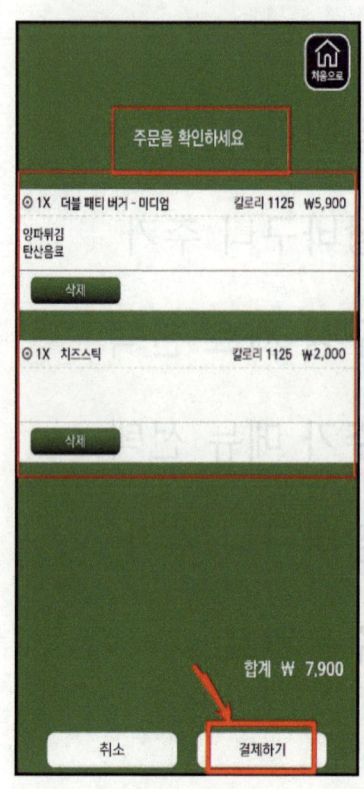
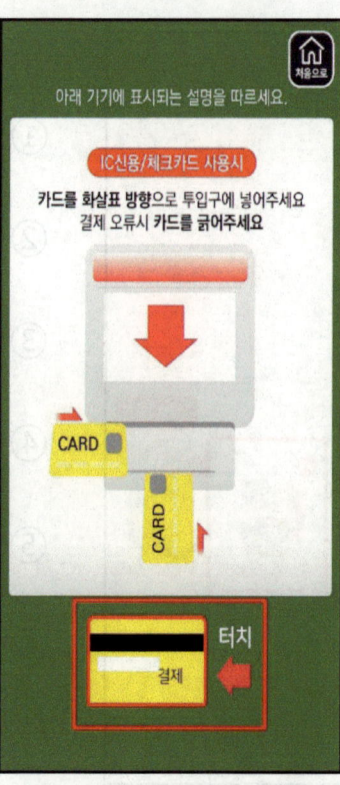

①결제하기

②카드 결제

③카드 투입

④결제 완료

⑤주문 완료

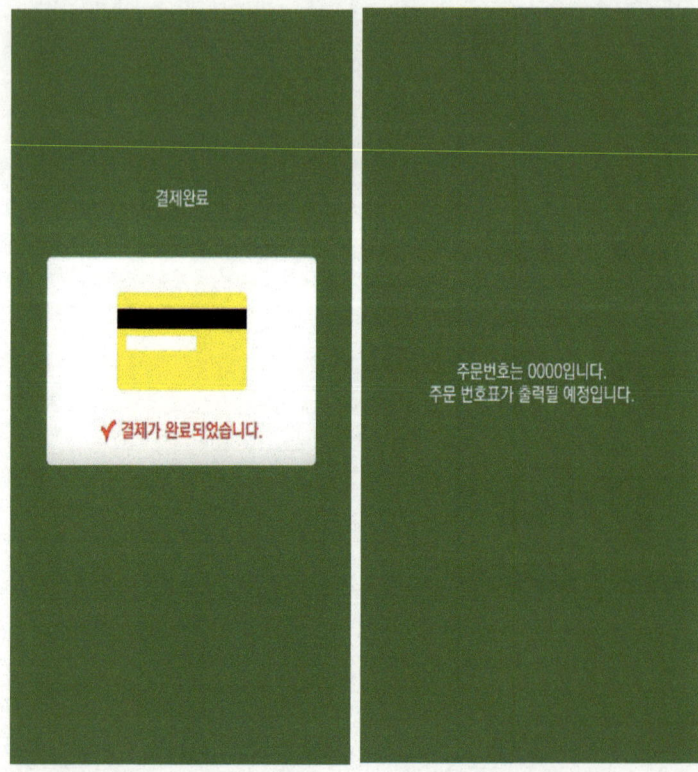

카드 결제 시 투입 방향 확인하고, 완료 후 카드와 영수증 꼭 챙겨야 합니다.

영화관 - 영화티켓 구매

① 영화관

② 광고화면 터치

③ 티켓구매

영화관에서 티켓구매, 음료주문도 함께 해보세요.

영화관 – 영화티켓 구매

① 영화 선택

② 영화 관람 인원수

③ 상영 시간 선택

④ 결제하기

⑤ 좌석 선택

⑥ 결제하기

좌석 선택 시 스크린 방향을 잘 보고 선택할 것

영화관 - 영화티켓 구매

①신용카드 선택

②할인 선택

③포인트 사용

④결제 완료

⑤티켓출력

할인 대상 카드가 있으면 할인 받거나 포인트로 결제 가능

은행 ATM - 계좌 송금

ATM

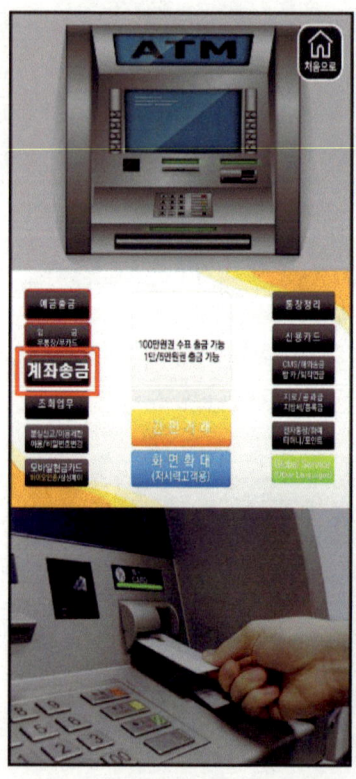
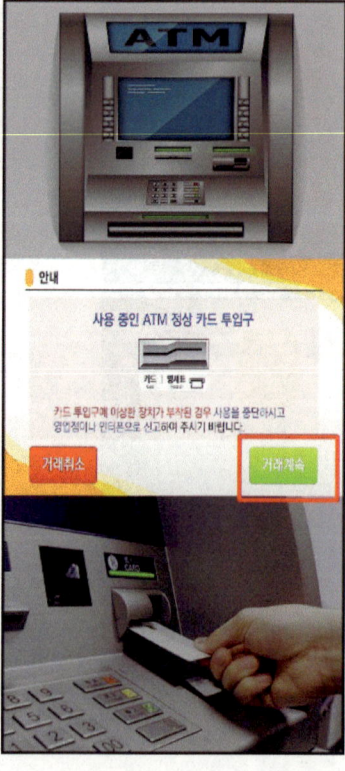

①은행 ATM

②계좌송금

③거래 계속

은행 ATM: 예금 출금, 계좌 송금, 현금 입금, 조회 업무 가능

은행 ATM - 계좌 송금

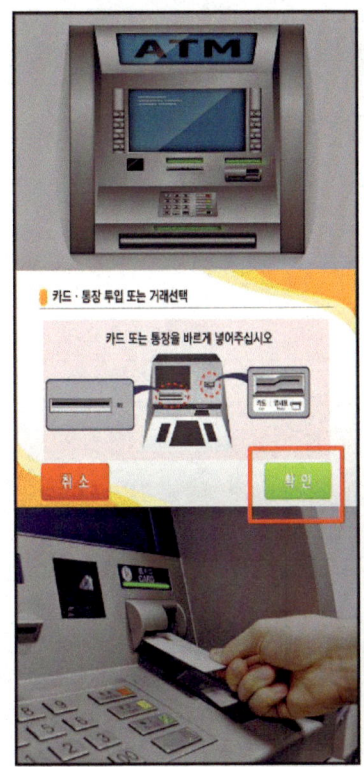
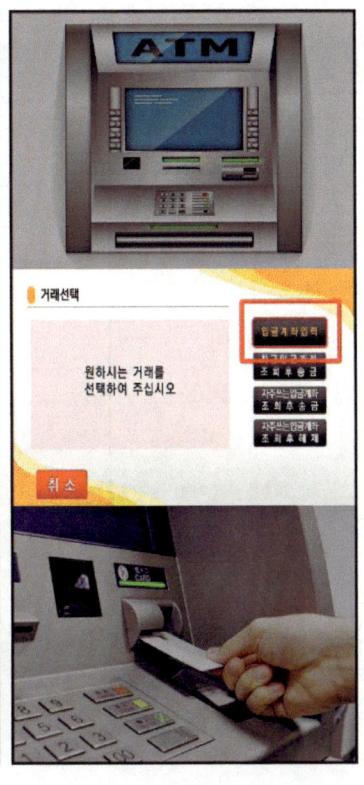
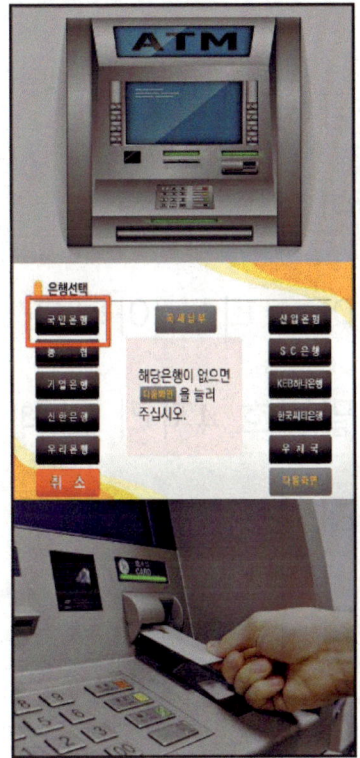
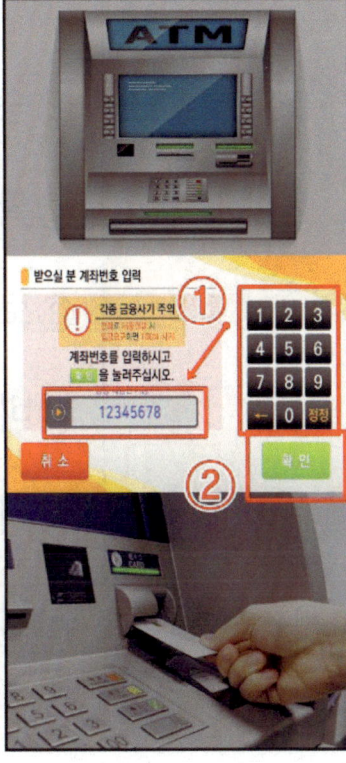

① 카드 투입 후 확인

② 거래 선택(입금 계좌 번호 입력)

③ 은행 선택

④ 받을 분 계좌번호 입력

⑤ 확인

은행 ATM: 예금 출금, 계좌 송금, 현금 입금, 조회 업무 가능

은행 ATM - 계좌 송금

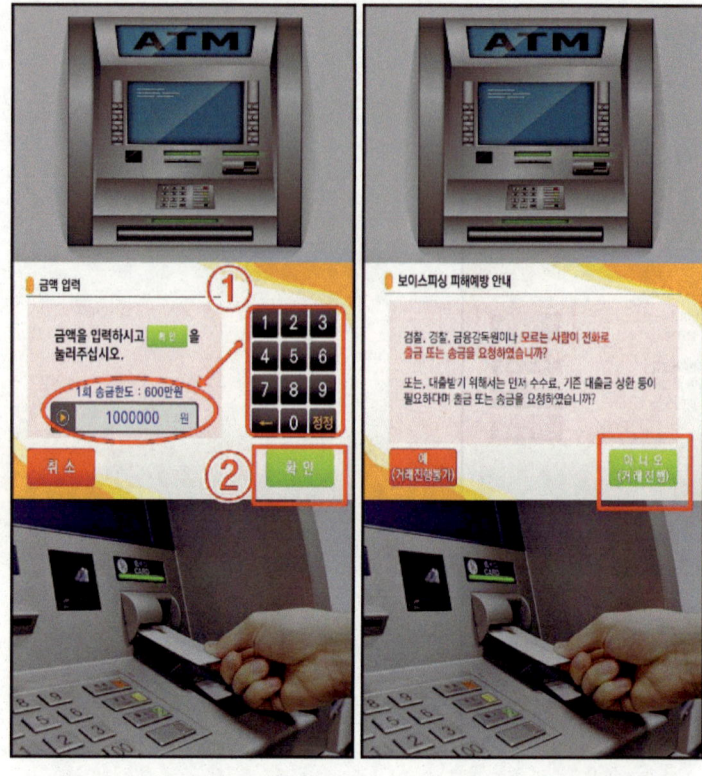

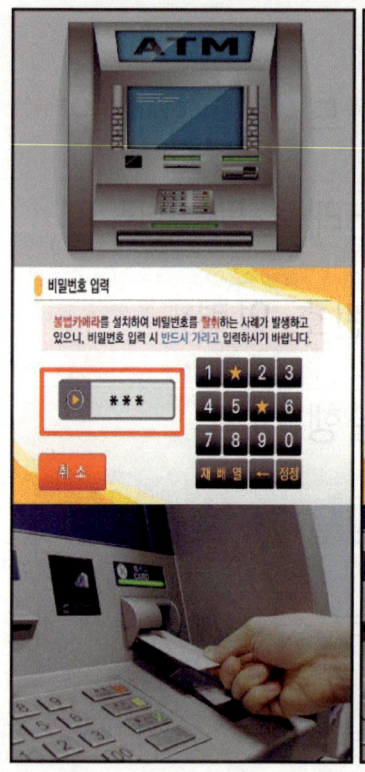 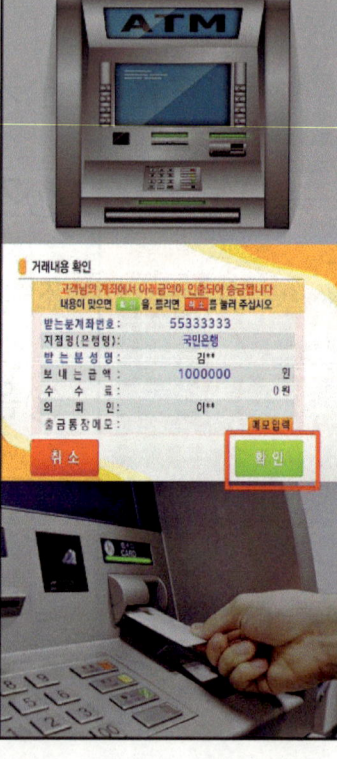

① 송금 금액 입력

② 확인

③ 보이스 피싱 '아니오'

④ 비밀번호 4자리 입력

⑤ 거래 내용 확인

⑥ 확인

비밀번호 입력 시 타인 유출 주의

은행 ATM - 계좌 송금

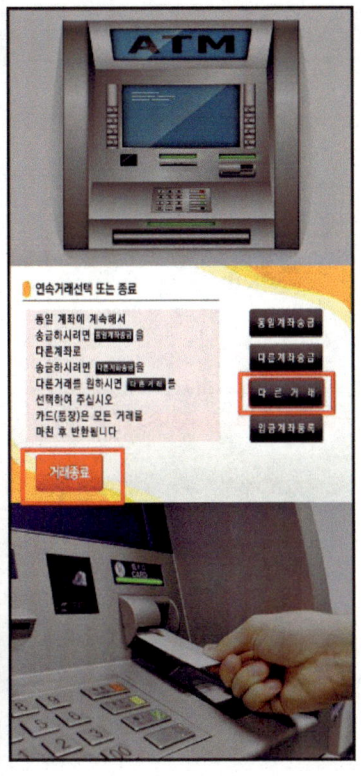
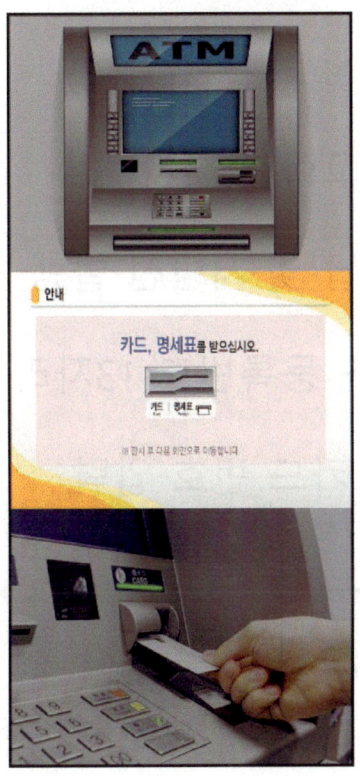

① 진행중

② 거래 종료 또는 다른 거래 선택

③ 카드, 명세표 수령

④ 완료

계속해서 다른 거래 추가 가능

병원 - 수납 및 처방전 발행

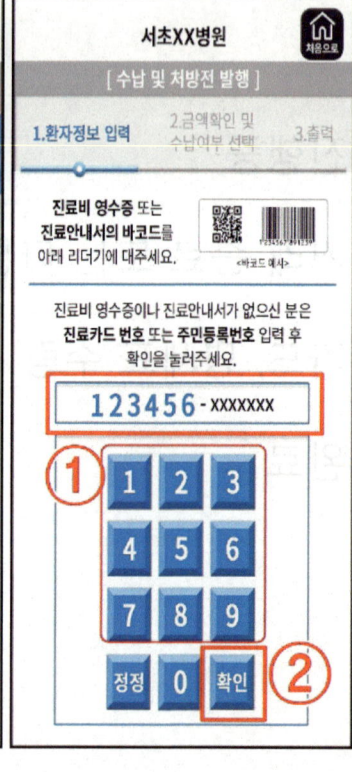

①병원

②광고화면 터치

③수납 및 처방전 발행

④주민등록번호 13자리

(진료카드 번호 입력,

바코드 읽히기)

⑤확인

병원 키오스크는 병원마다 기능이 다름

병원 - 수납 및 처방전 발행

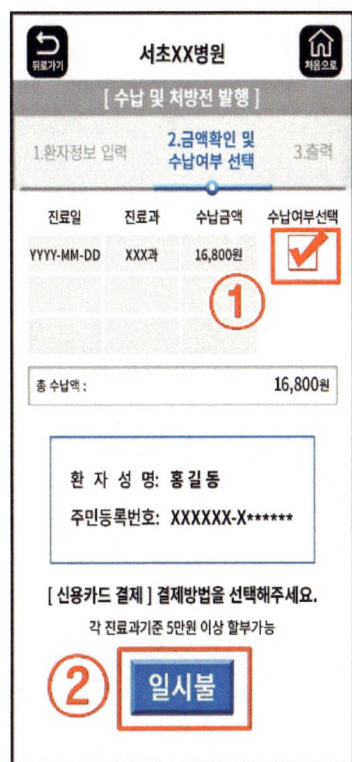
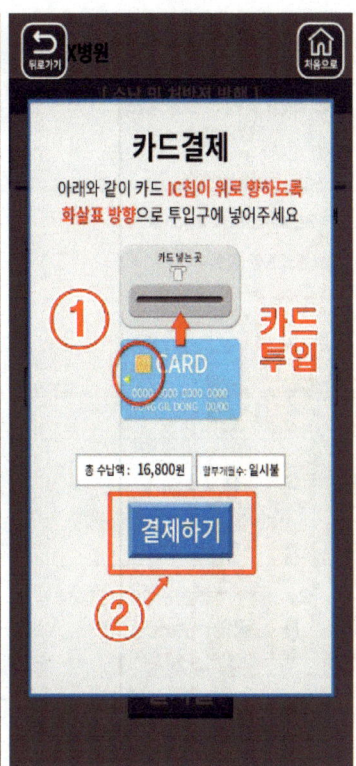

①수납여부 선택

②일시불

③카드 투입

④결제하기

⑤카드결제 완료

⑥처방전 출력 완료

수납 및 처방전 출력까지 동시에 가능

키오스크 두렵지 않아요

병원 - 접수하기

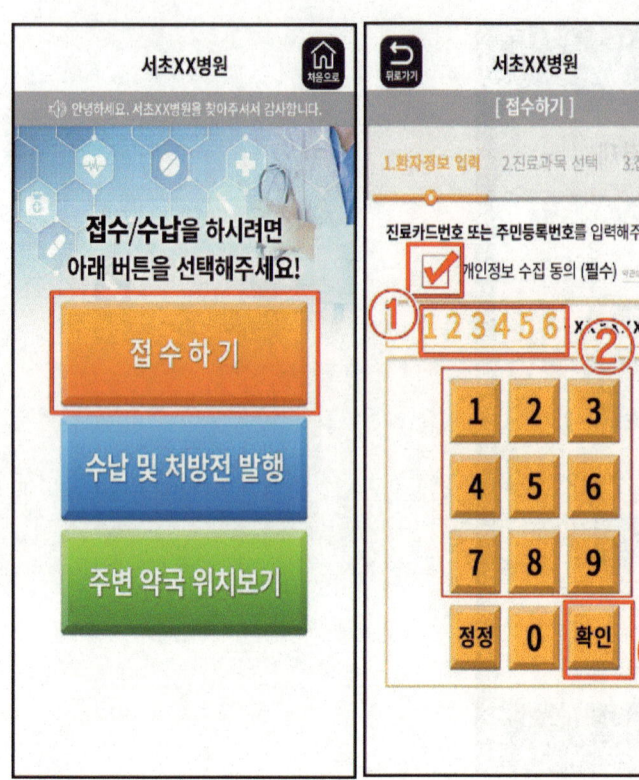

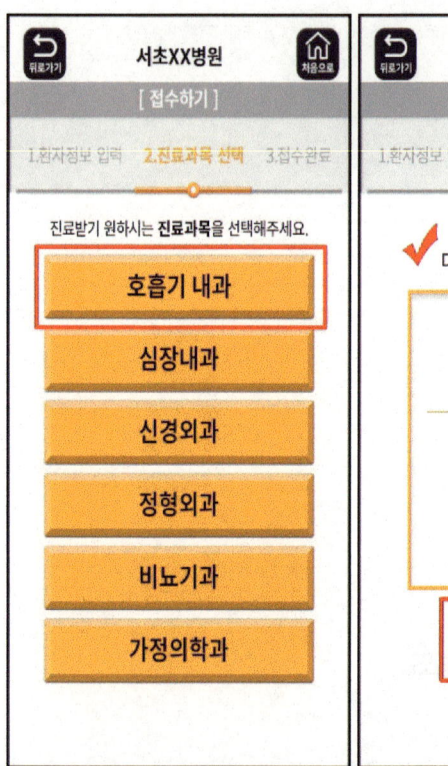

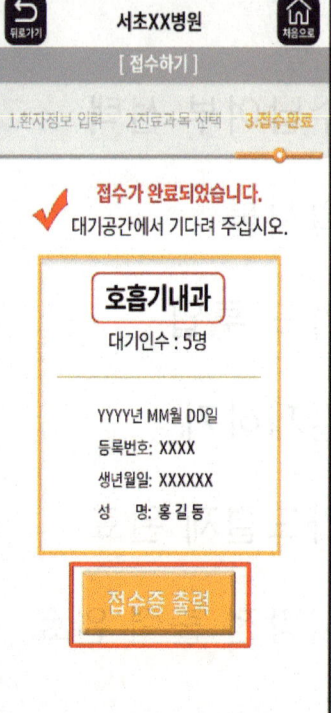

① 접수하기

② 개인정보 수집 동의

③ 진료카드 번호 또는 주민등록번호 13자리

④ 확인

⑤ 진료과목 선택

⑥ 접수증 출력

키오스크로 병원 진료과목 접수를 쉽게 할 수 있음

병원진료발급기 - 입퇴원확인서

병원 진료발급

① [병원 진료발급] 터치.

증명서 선택

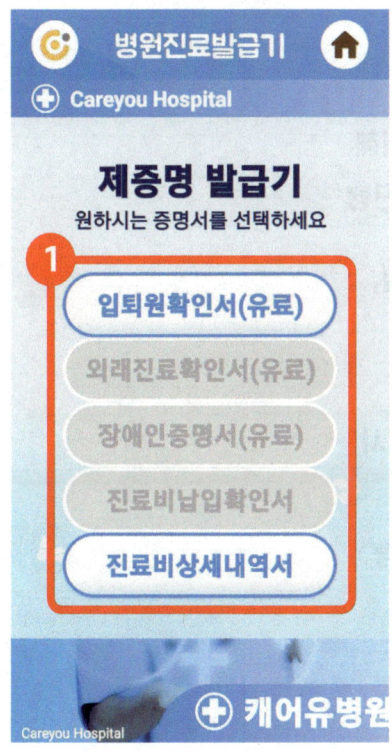

① 발급을 원하는 증명서
[입퇴원확인서(유료)]
or
[진료비상세내역서] 중 선택.

병원진료발급기 - 입퇴원확인서

진료카드번호 등 입력

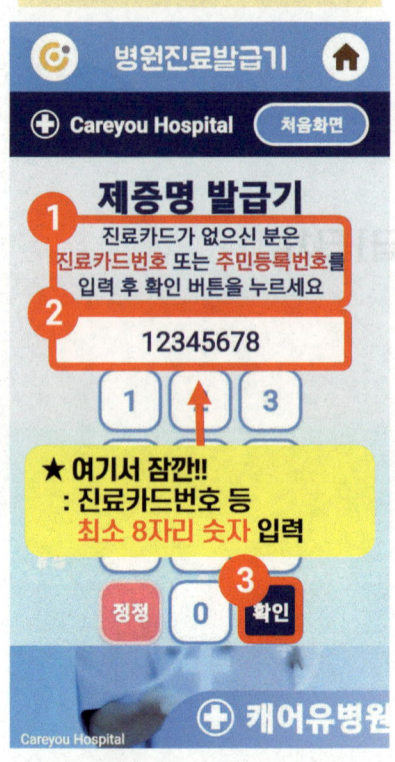

1. **진료카드가 있는 경우,** 진료카드 바코드를 찍어서 본인 확인 가능.

2. **진료카드가 없는 경우,** 진료카드번호 또는 주민등록번호를 입력하여 본인 확인 가능.

3. 번호 입력 후 [확인] 터치.

휴대폰 본인인증

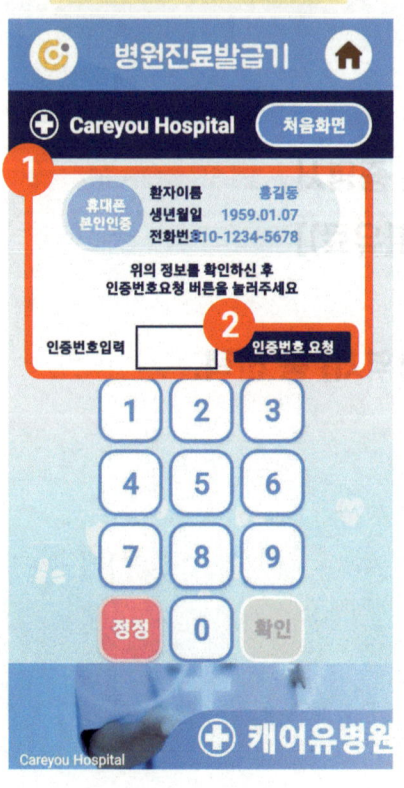

1. 개인정보 보호를 위해 휴대폰 본인 인증 진행

   환자이름, 생년월일, 전화번호 확인

2. 인증번호 요청 터치 시 위 전화번호로 인증번호 문자 전송

병원진료발급기 - 입퇴원확인서

인증번호 입력

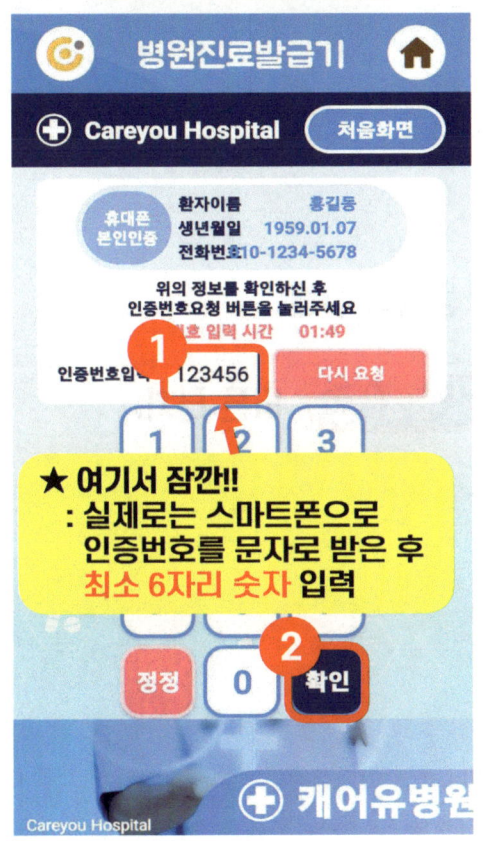

1 전송 받은 **인증번호(6자리)**를 **인증번호 입력시간** 내 입력.

만약, 문자로 인증번호를 전송 받지 못하거나 늦게 오는 경우, 다시 요청 버튼 터치.

2 [확인] 버튼 터치.

병원진료발급기 - 입퇴원확인서

시작 연월일 변경

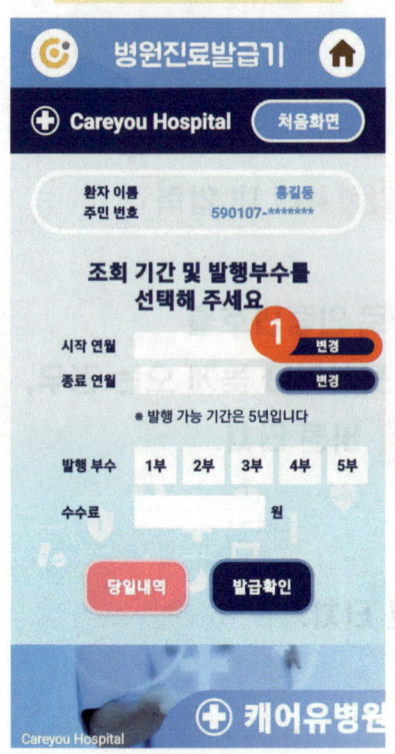

① 조회기간 등록을 위해

시작 연월 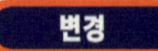 버튼 터치.

시작 연월일 선택

① 시작 연월 선택.

② [확인] 버튼 터치.

* 종료 연월 도 동일 과정 진행.

병원진료발급기 - 입퇴원확인서

발급 부수 선택

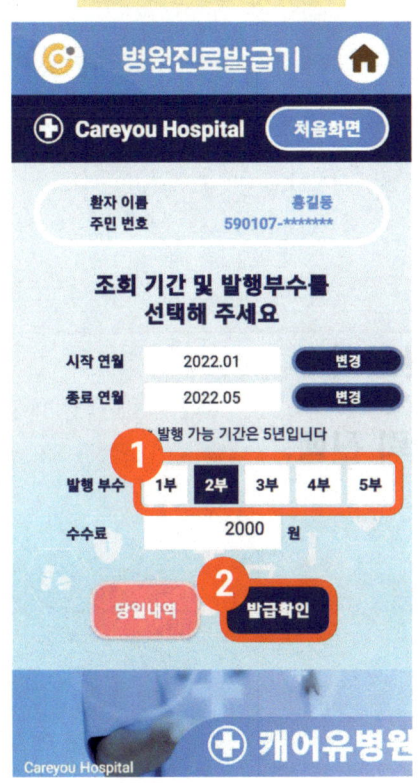

① 필요한 [발행 부수] 선택.

② [발급 확인] 버튼 터치.

신용 카드 결제

① 신용카드 결제

병원진료발급기 - 입퇴원확인서

출력

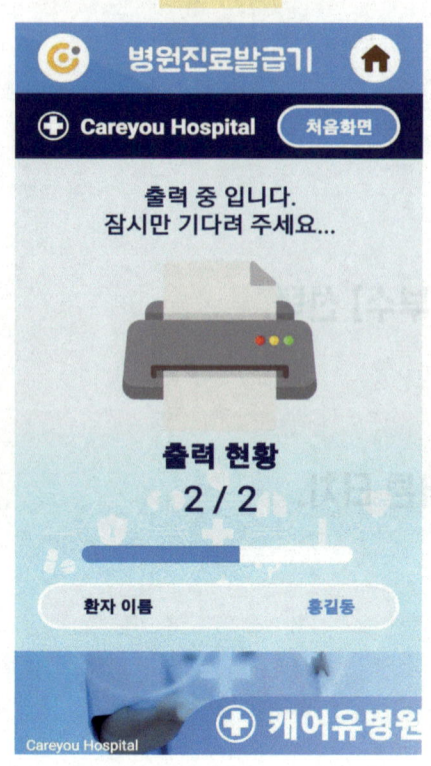

1 카드 결제 완료 후, 자동으로 출력 진행.

출력

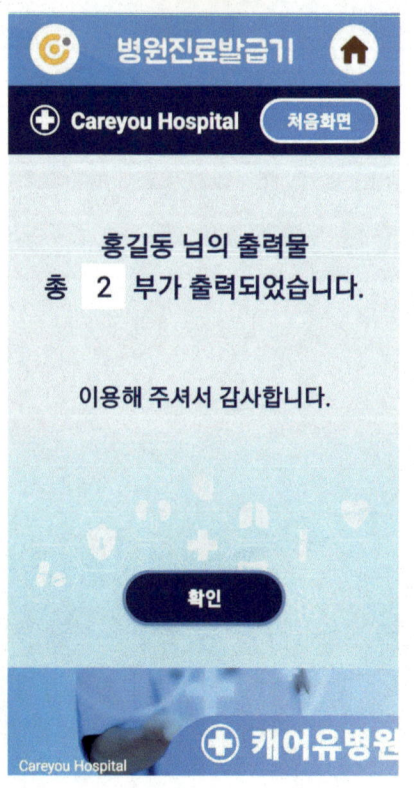

1 출력 완료

푸드코트

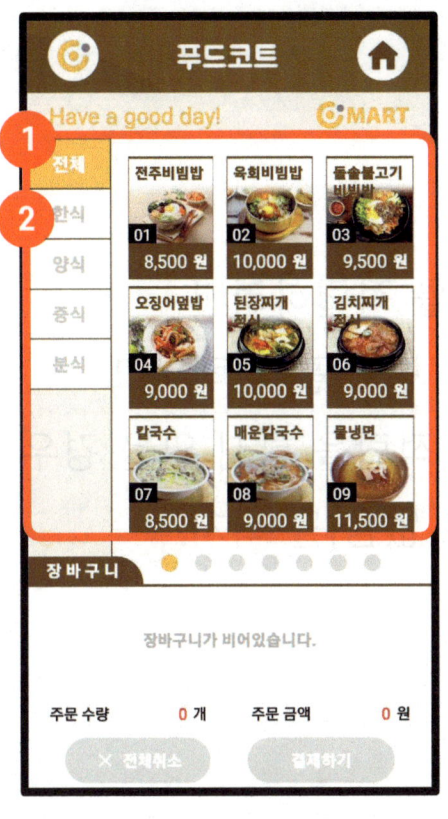

① [전체]는 푸드코트에 있는 모든 메뉴를 한 번 확인 가능

② [한식], [양식], [중식], [분식]은 종류 별로 확인 후 주문 가능.

① 메뉴를

② 장바구니에 담기
결제하기

푸드코트에서는 다양한 종류의 음식을 주문할 수 있음

푸드코트

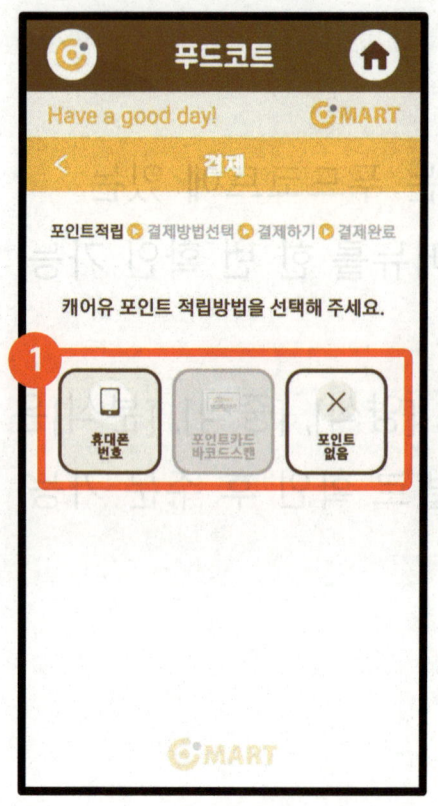

① 포인트를 적립하려면
② [휴대폰 번호]를 선택하고
   포인트 적립을 하지 않을 경우
   [포인트 없음]을 터치.

포인트를 적립하려면
휴대폰 번호를
입력하고 확인

푸드코트

결제 방법 선택

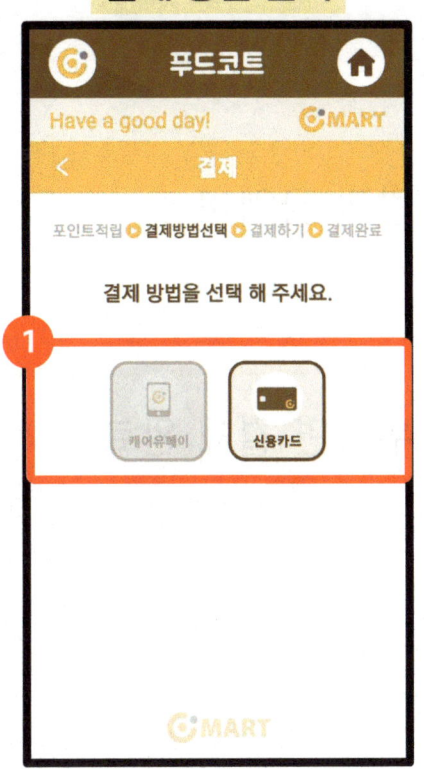

1) 결제 방법은 신용카드를 선택함

카드 결제

◎ **카드 방향**

- 카드 IC칩을 투입구 방향으로 끝까지 넣어 줌

키오스크 두렵지 않아요

푸드코트

결제금액 최종 확인

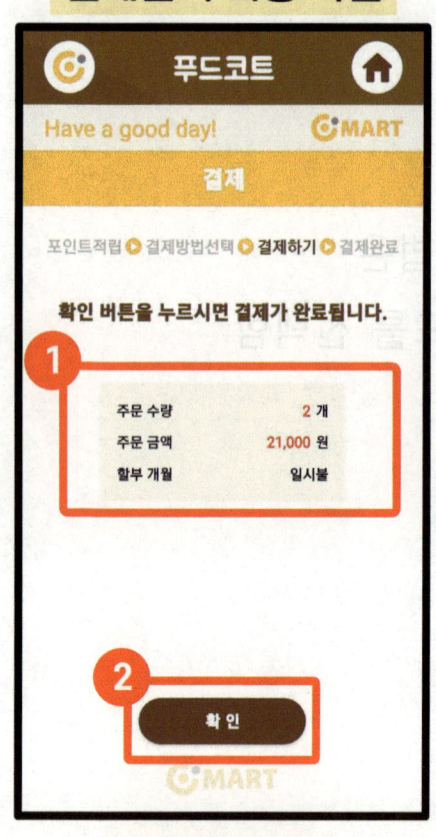

1 주문 수량과 금액이 맞는지 살펴보고

2 확인을 누르면 결제 완료

영수증 출력

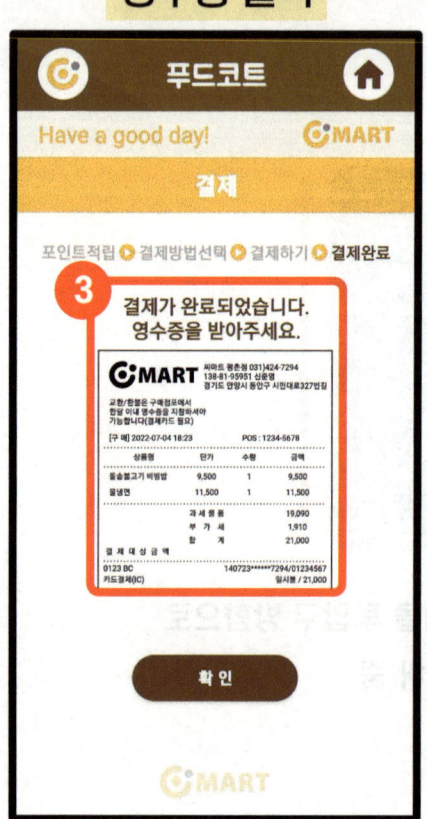

3 결제가 완료되면 영수증 출력

푸드코트

주차 정산 선택

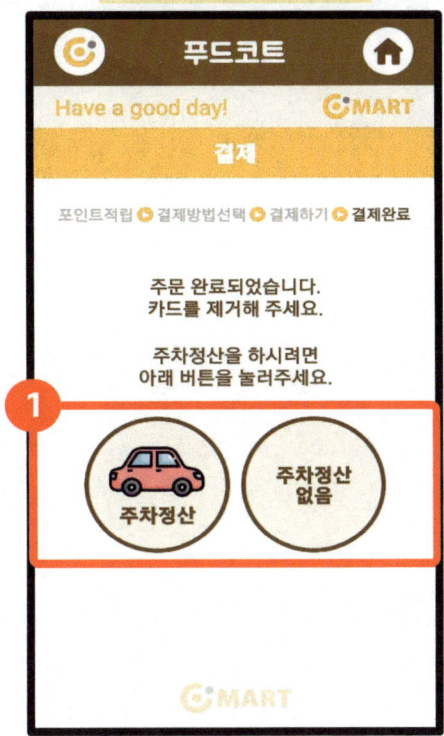

주차정산 또는

주차정산 없음을

선택함.

차량 번호 입력

차량번호 중 뒤의

4자리 숫자를

입력하고 확인

주차 정산 확인

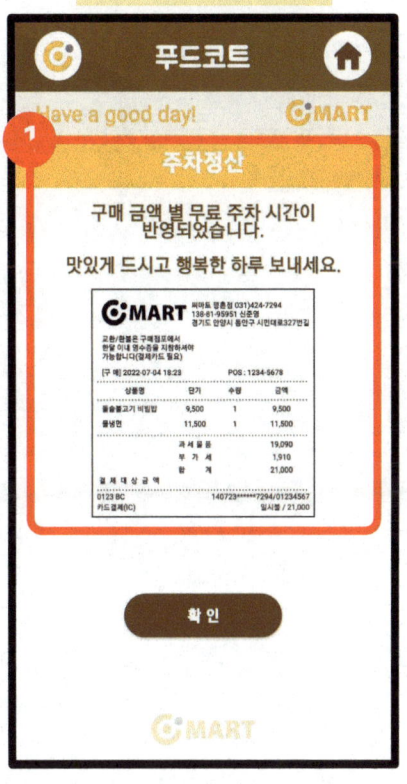

6장

디지털 세상 스마트하게 살아가기

스마트폰에 카드, 통장 저장하기

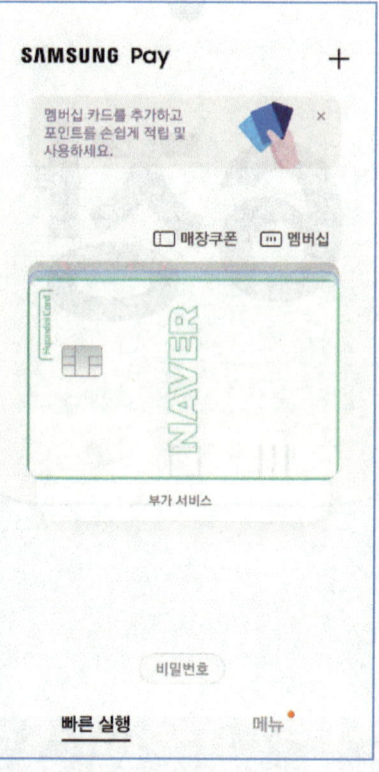

※지갑, 카드를 지니고 다니는 불편함 없이 사용할 수 있는 스마트폰 결제를 쉽고 편리하게 이용할 수 있습니다.

삼성 Pay로 스마트폰만 있으면 바로 결제(삼성 휴대폰 아닐 경우 다른 앱 사용)

삼성 페이 사용하기

①스마트폰 화면 아래서 위로 밀어 올리기

②허용(처음 사용시)

③설치(없으면 Play 스토어에서 검색해서 설치하기)

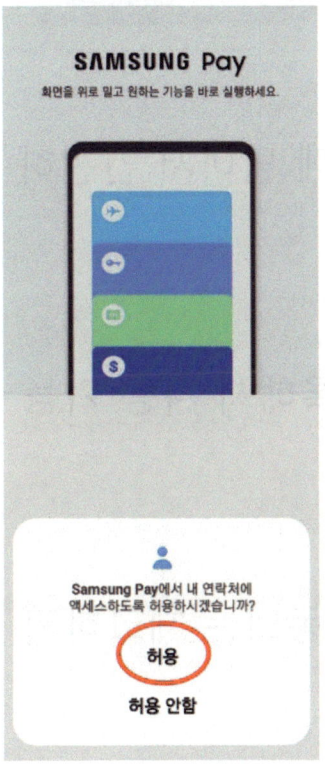

스마트폰 기종이 삼성 갤럭시라서 삼성페이를 사용했습니다.

권한 설정

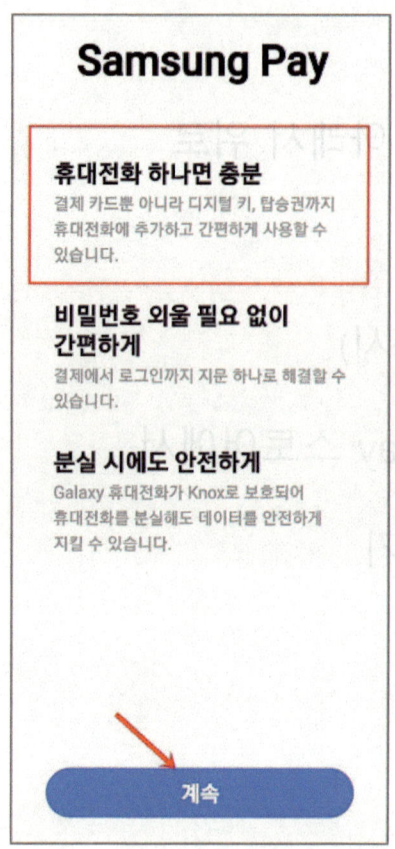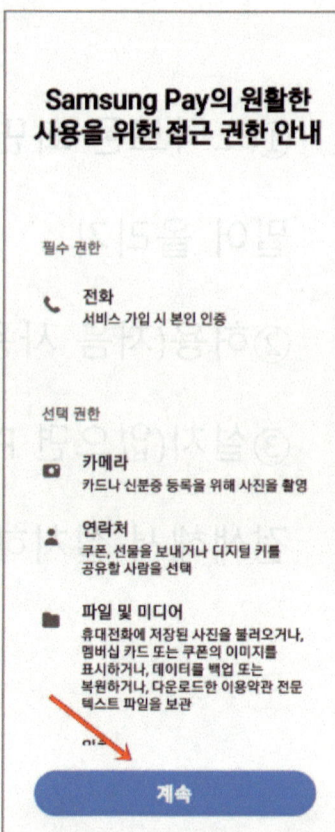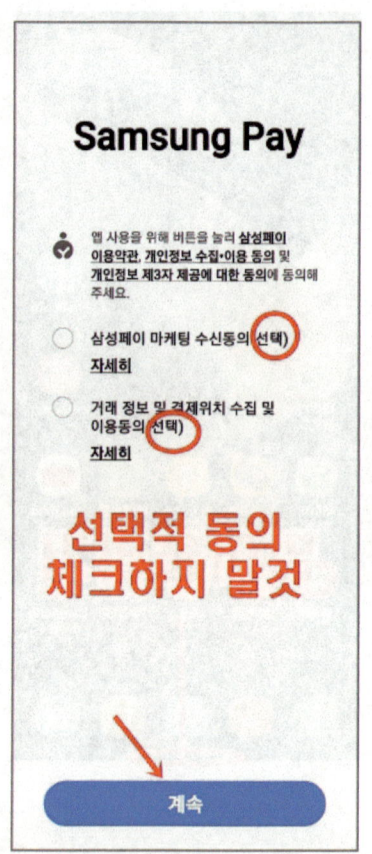

결제 카드, 디지털 키, 탑승권까지 스마트폰에 담아서 간편하게 사용할 수 있습니다.

비밀번호 외울 필요 없이 간편하게 지문 등록해서 사용 가능합니다.

삼성페이 접근 권한 허용 후 나오는 선택적 동의는 체크하지 않아도 됩니다.

인증수단 – 지문 등록

 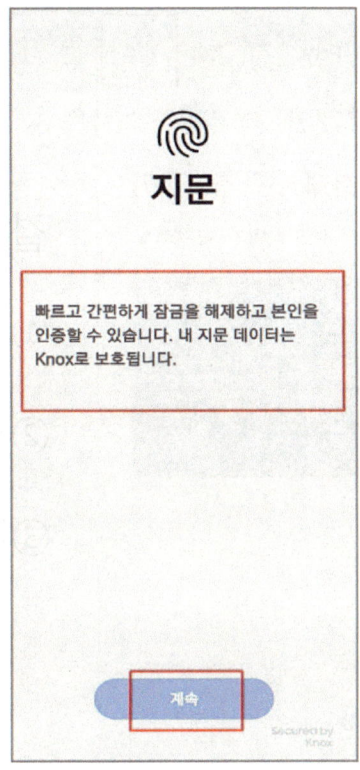

휴대폰 기종에 따라 지문 등록하는 방법 다릅니다.

손가락 지문 닿는 면적을 골고루 인식할 수 있도록 해 줍니다.

①지문사용

②계속

③지문 등록

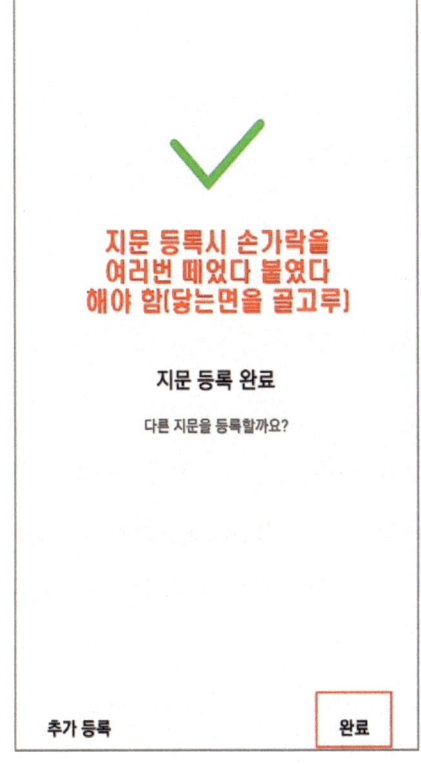 

지문 건너 뛰고 Pay 비밀번호 설정하기

①Pay 비밀번호 설정 (6자리 숫자)

②인증 요청 확인

③비밀번호 등록

디지털 세상 스마트하게 살아가기

결제 카드 추가하기 1

 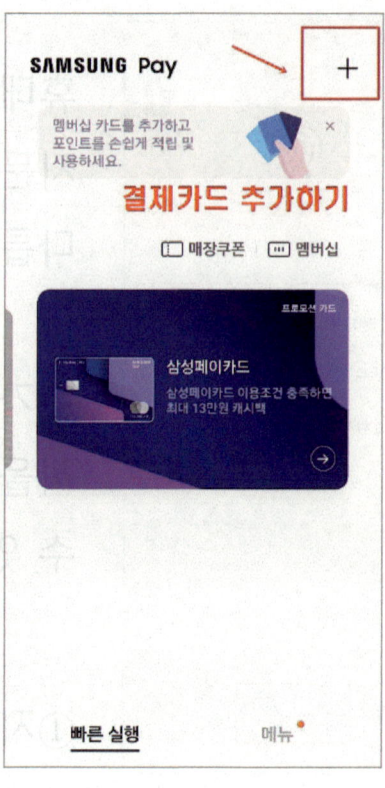

결제카드 추가하기

① 상단 '+' 버튼

② 결제카드

③ 내 카드 추가

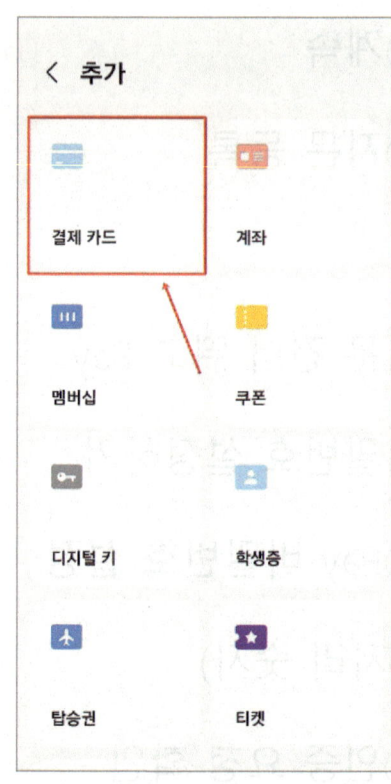 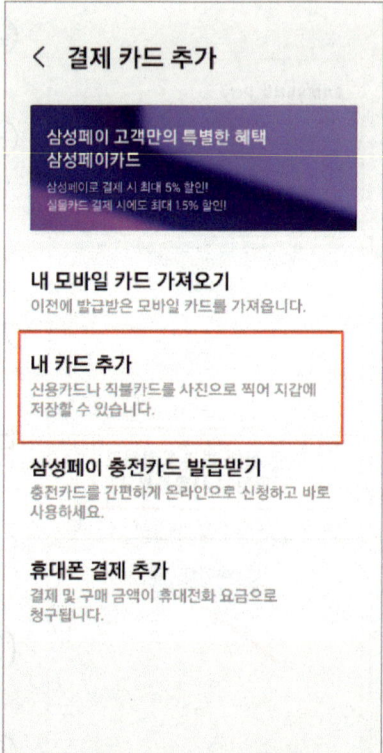

카드뿐만 아니라, 계좌, 쿠폰, 디지털 키, 탑승권, 티켓 등도 가능합니다.

결제 카드 추가하기 2

 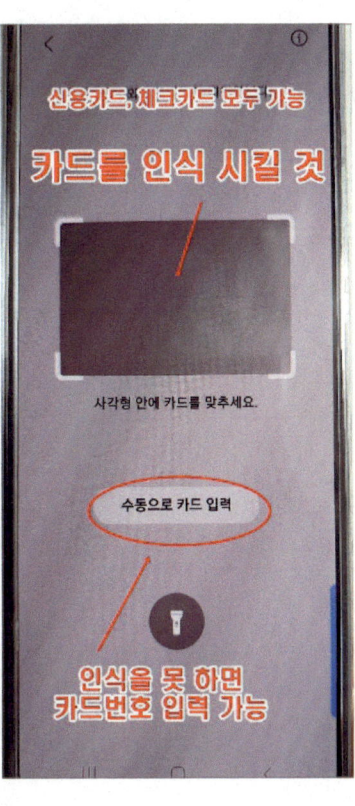

결제카드 추가하기

①앱 사용 중에만 허용

②카드인식: 카드를 화면에 대면 자동인식

③수동인식
카드번호 확인 및 수동으로 입력
등록완료

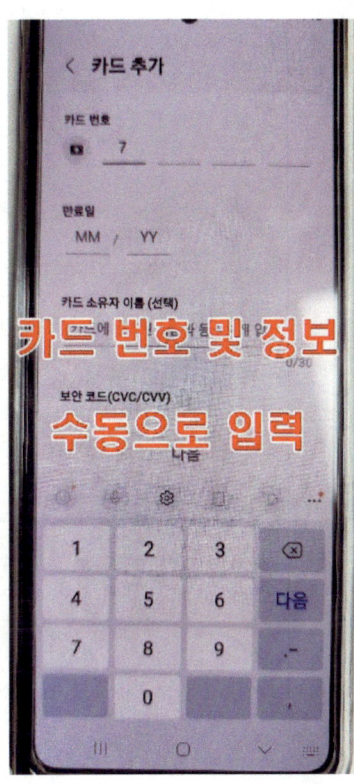 

앱 사용 중에만 허용 – 카드인식 또는 번호 입력 – 등록 완료

디지털 세상 스마트하게 살아가기

은행 계좌 등록

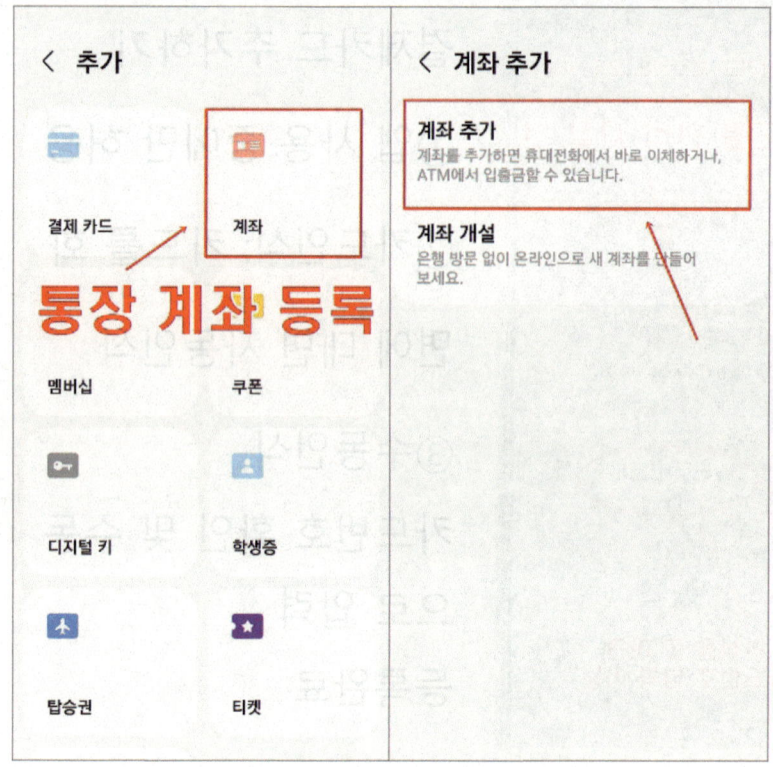

은행 계좌 등록

①계좌

②계좌 추가

③은행 선택

④계좌번호 입력

⑤비밀번호 입력

⑥다음

주거래 은행 계좌를 등록하여 사용하면 좋음

휴대폰 결제

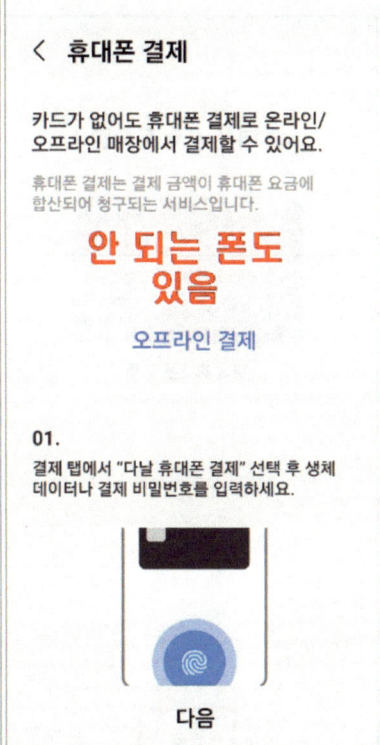

휴대폰 결제

①상단 '+' 버튼

②결제카드

③결제 카드 추가

④휴대폰 결제 추가

⑤다음

⑥이용 약관 동의

⑦계속

⑧인적사항 등록(이름, 성별, 생년월일, 통신사, 전화번호, 이메일 주소)

⑨인증요청

카드 없이 휴대폰 결제로도 결제 가능(안되는 폰도 있음)

휴대폰 결제

휴대폰 결제

①지문으로 인증

②비밀번호 6자리 등록

③완료

휴대폰 결제 등록 완료됨

※ 휴대폰으로 결제하면 매월 휴대폰 요금에 청구되어 나옴

5장

집에서 주문 나도 할 수 있다

배달의 민족

코로나로 인해 외출을 자제하게 되면서 가족과 외식, 직장에서 회식 등의 시대에서 가정에서 배달 음식으로 편리하게 이용하는 시대가 되었습니다.

젊은 사람들과는 달리 어르신들은 스마트 기기가 불편합니다. 이제 자기 스스로 음식 주문해서 먹고 싶다는 말씀을 많이 하십니다. 우리나라에서 가장 많이 사용하는 배달 앱 '배달의 민족' 사용 방법입니다.

배달의 민족

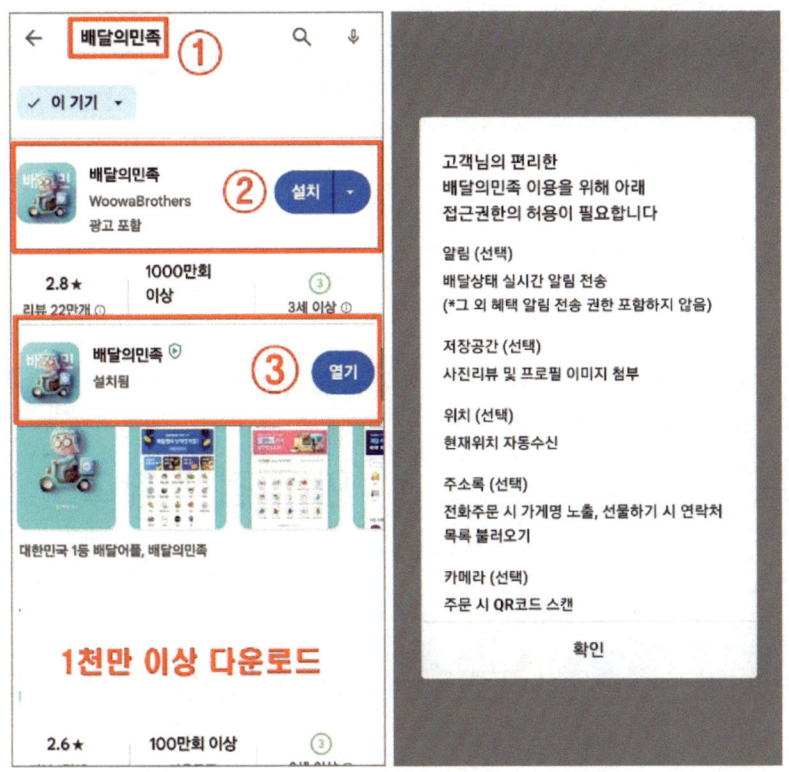

배달의 민족

①Pay 스토어

②검색, 설치, 열기

③필수 '동의'

선택 '비동의'

④사진, 영상 '허용'

⑤알림 '비허용'

⑥약관동의

⑦시작하기

선택적 동의는 하지 말고 필수 동의만 해 주세요

배달의 민족

배달의 민족

① 주소 입력

② 배달 음식 입력

③ 치킨

연관 검색 참고,

배달, 별점 참고 후

가게 선택

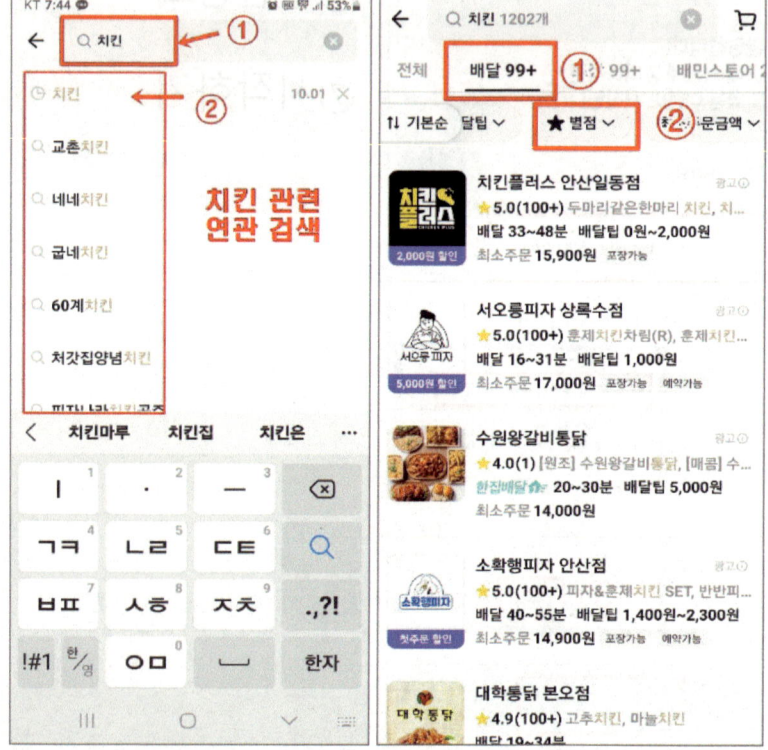

찾는 브랜드가 있으면 브랜드 검색

배달의 민족

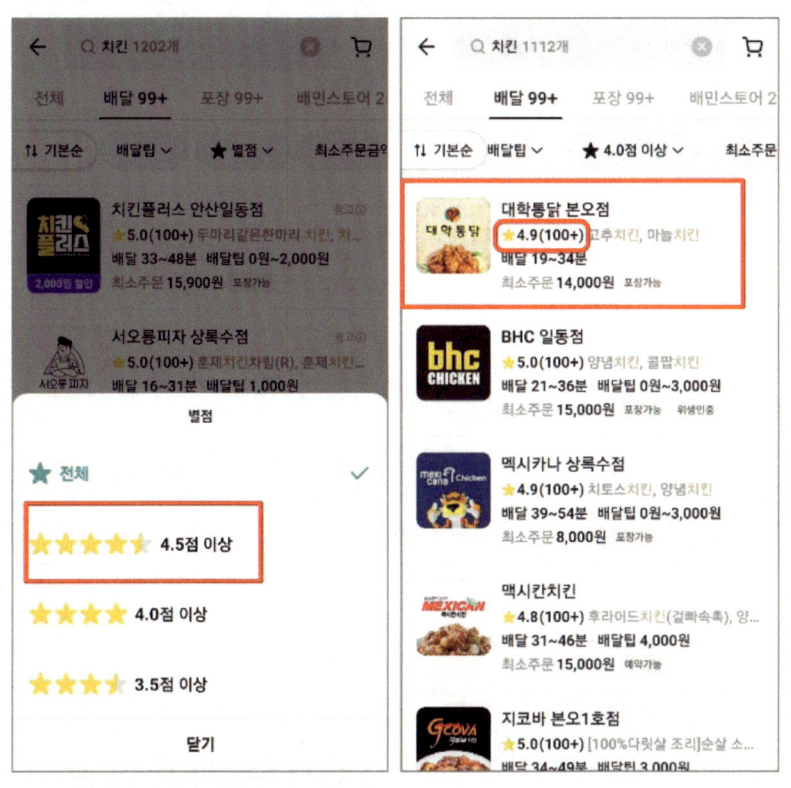

배달 주문하기

① 별점 높은 순 찾기

② 브랜드 선택

③ 리뷰글 많은 곳 선택

④ 업체 선택

⑤ 메뉴 선택

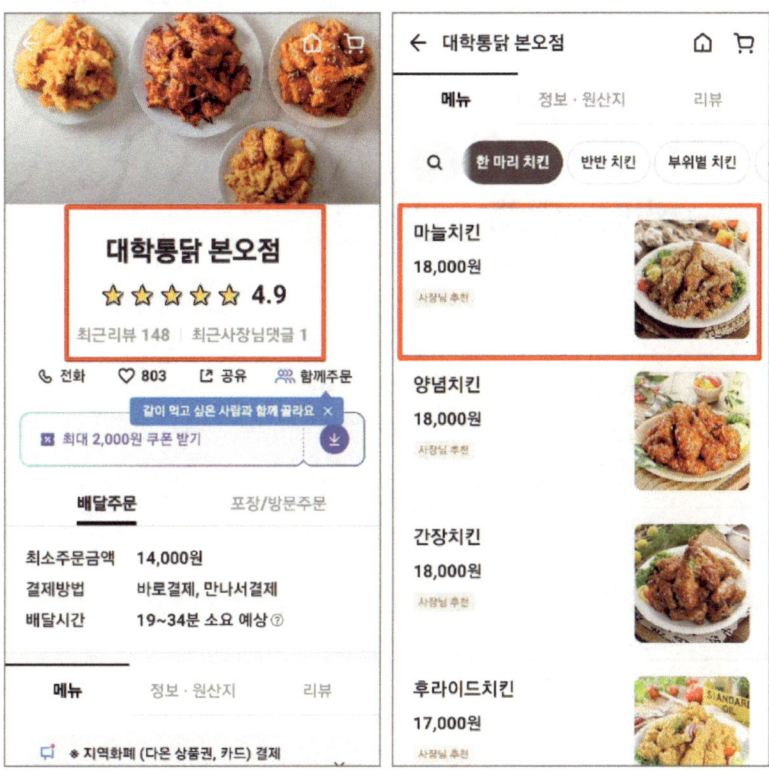

별점, 리뷰, 브랜드, 사진, 가격 등을 보고 업체와 메뉴 선택

배달의 민족

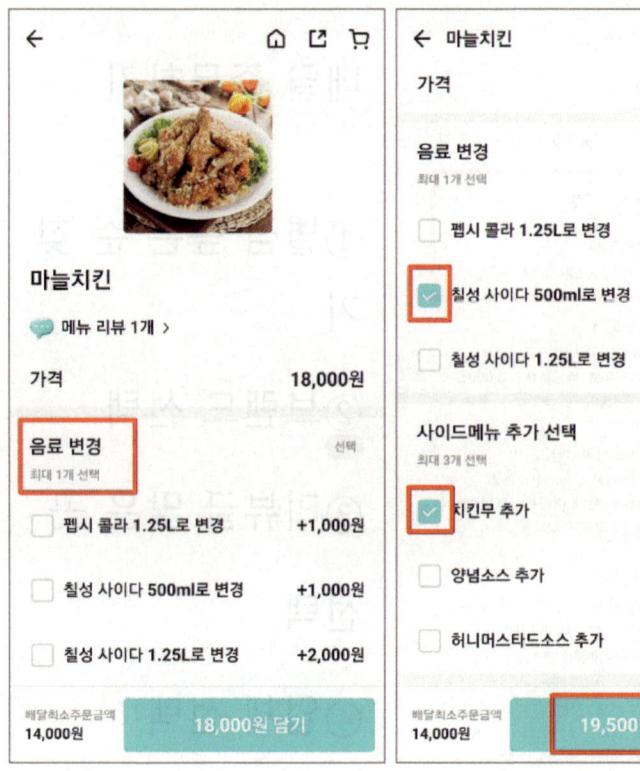

배달 주문하기

①마늘치킨 선택

②음료 변경

③사이드 메뉴 추가

④로그인하고 주문하기

⑤자주 사용하는 SNS로 로그인하기

 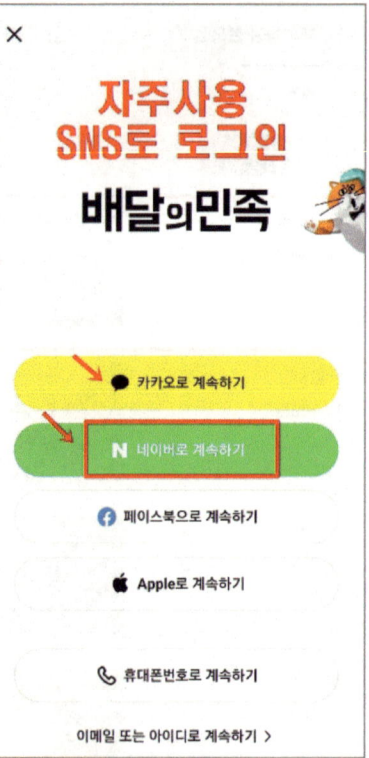

편리하게 자주 사용하는 SNS로 로그인하고 기억해 두세요

배달의 민족

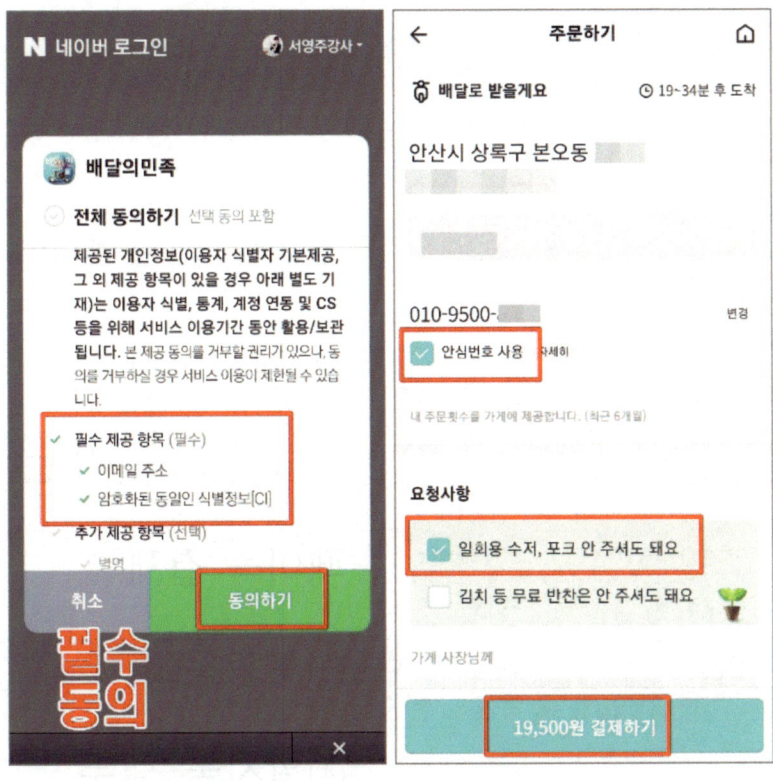

주문하기

① 필수항목 동의

② 선택 비동의

③ 인적사항 입력

④ 안심번호 사용

⑤ 요청사항

⑥ 결제하기

⑦ 결제수단 선택

⑧ 카드사 선택

⑨ 결제하기

선택항목 체크하지 말고 필수 항목만 동의해 주세요.

배달의 민족

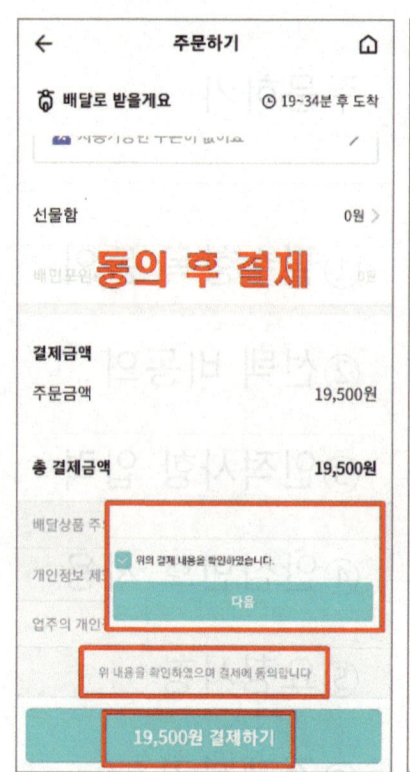

주문하기

① 결제 내용 확인 후 결제하기

② 일반 카드, 또는 페이북 결제

③ 약관동의

④ 일시불, 할부

⑤ 내용확인, 다음

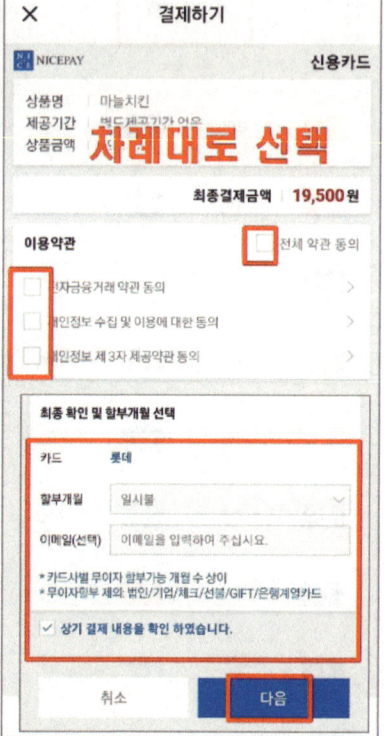

처음 사용시에는 카드 등록해야 주문할 수 있습니다.

배달의 민족

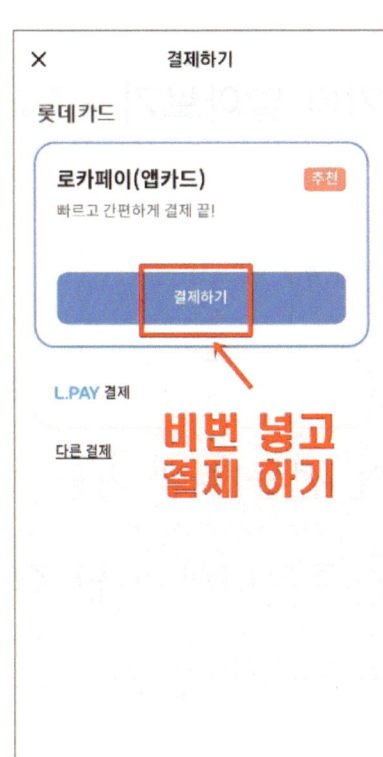

주문하기

①비밀번호 입력

②결제하기

③주문 완료, 접수

④주문 진행중 확인 가능

⑤배달 완료

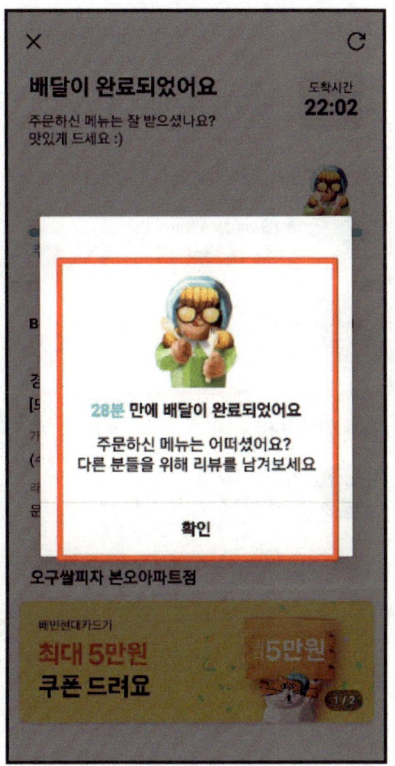

주문 완료하면 주문 진행, 배달 상황, 도착 시간 알 수 있음

배달의 민족

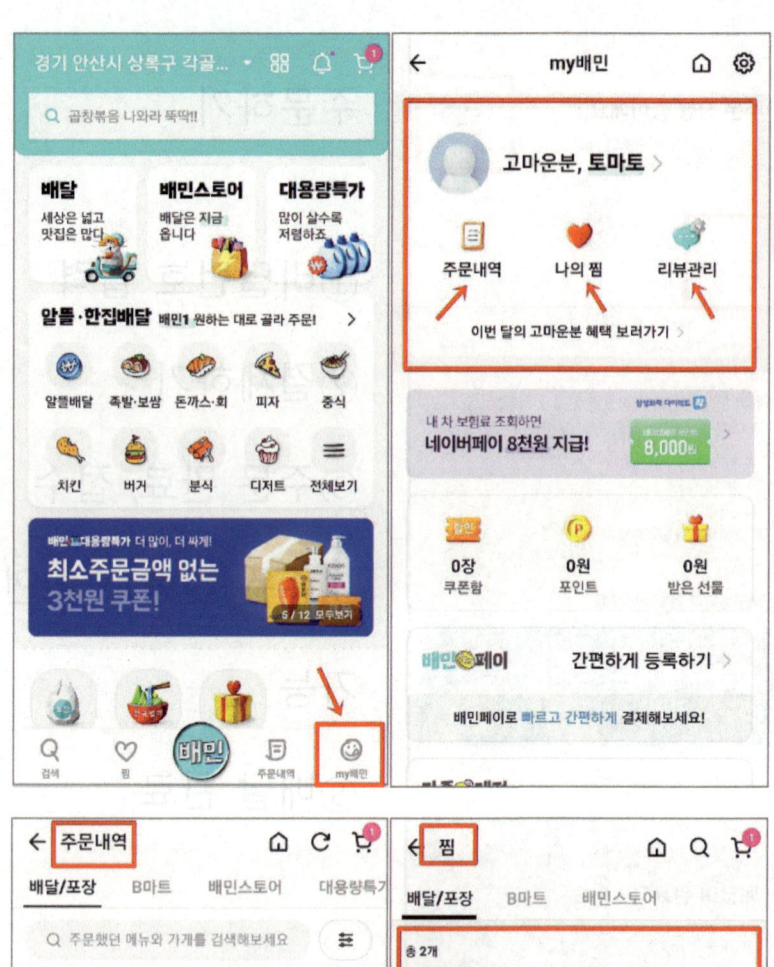

기타 알아보기

①My 배민

등급, 쿠폰, 포인트, 받을 선물 확인 가능

②주문내역: 지난 주문 내역으로 재 주문 가능

③나의 찜: 찜 해 놓으면 바로 찾기 쉬움

④리뷰관리: 나의 리뷰 내역 볼 수 있음

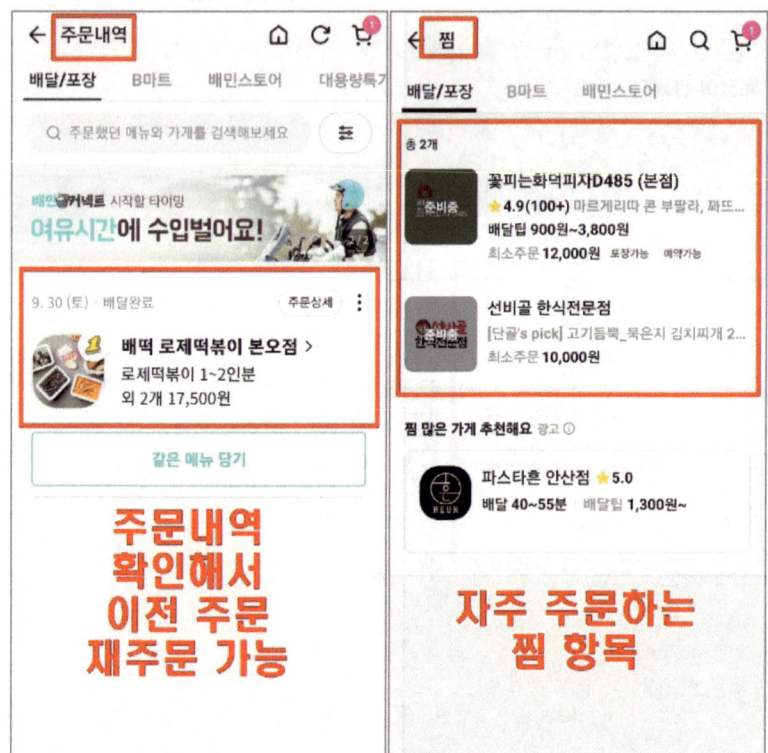

리뷰 잘 해주면 업체 사장님께서 할인쿠폰도 주고 있어요.

5장

내 약은 내가 챙겨 먹는다

약 먹는 거 자꾸 까먹어요

약 복용 및 약물 알림 서비스

약 복용시간 알림, 남은 약 알림, 병원가는 날짜 잊지 않도록 알림을 설정하는 앱입니다.

고혈압, 당뇨병, 심장 질환, 암 치료 등 매일매일 정해진 시간에 복용해야 할 약들이 있습니다. 그런데 먹었는지 안 먹었는지 모르고 또 먹는 경우도 있다고 합니다. 그래서 알림이 울리면 약 먹는 시간을 설정해 놓고 사용합니다.

쉽게 이용할 수 있어서 바쁜 현대인과 시니어 분들이 좋아하는 앱입니다.

약 복용 및 약물 알림 서비스

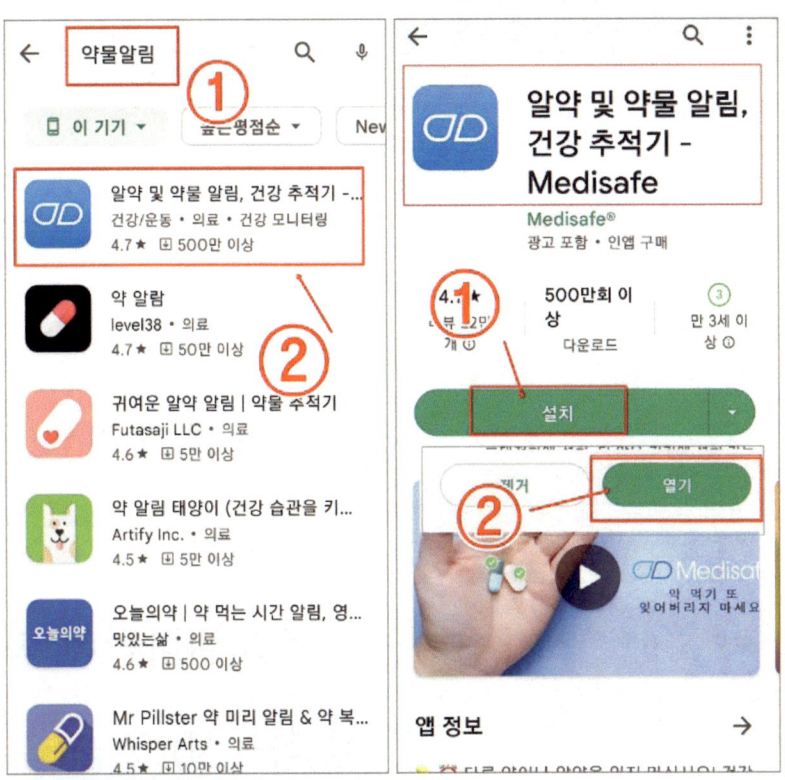

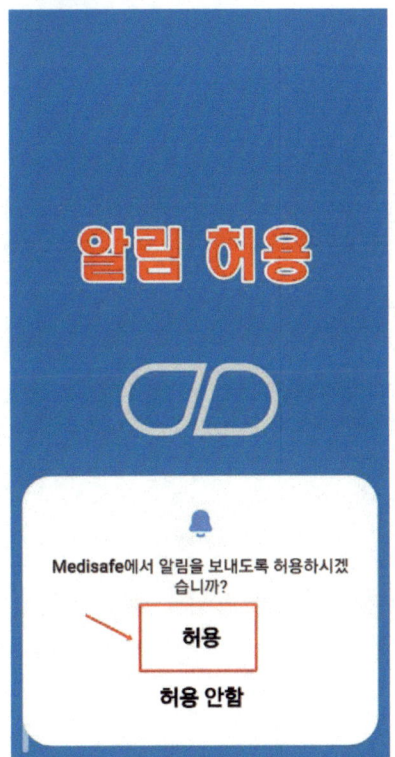

Play 스토어 [알약 및 약물 알림] 설치 - [열기] - 허용

알약 및 약물 알림 서비스

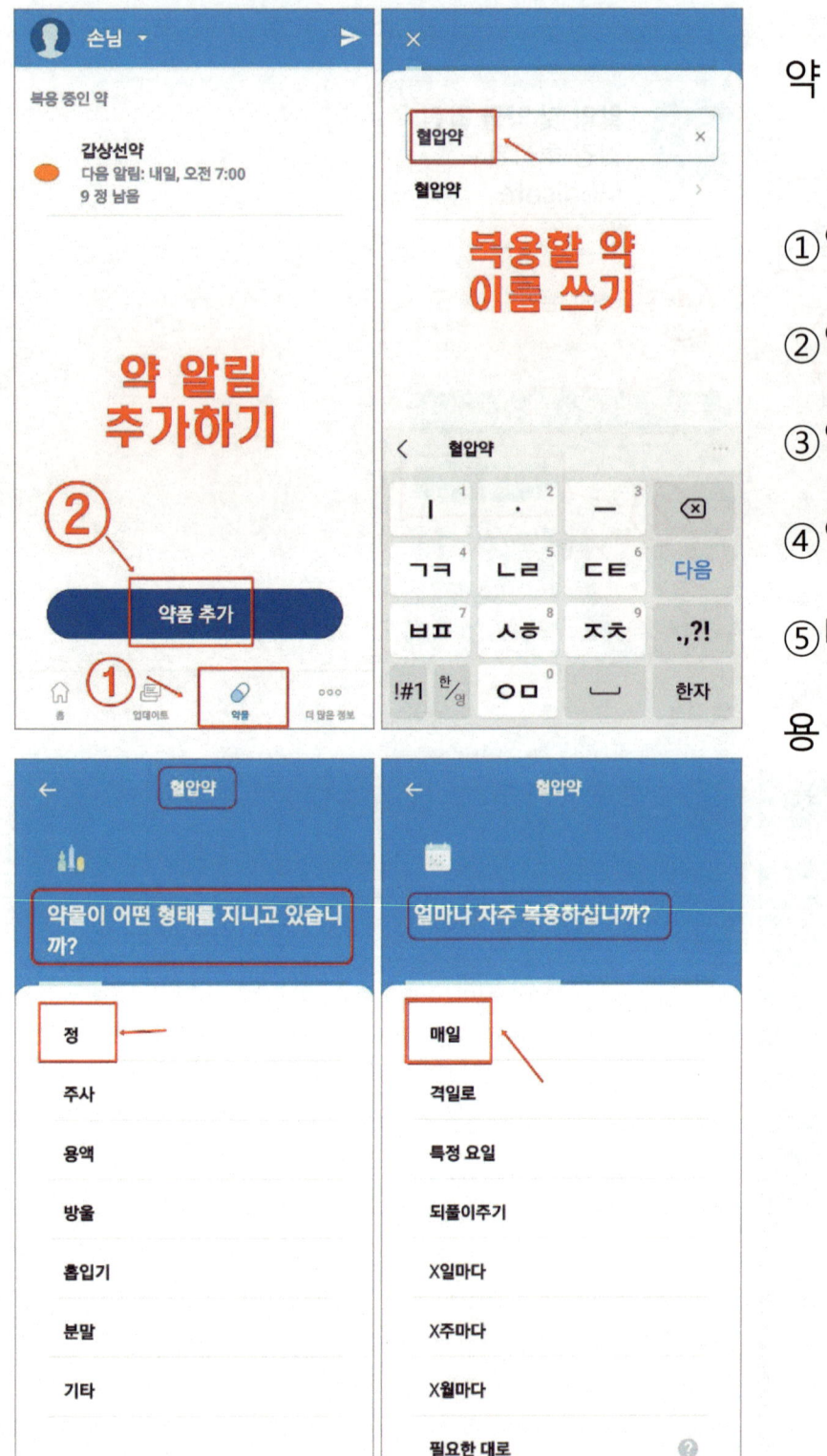

약 알림 설정

①약품

②약품 추가

③약 이름 쓰기

④약 형태

⑤매일(얼마만에 복용 하는지)

매일 정해진 시간에 약 복용할 수 있게 해 줍니다.

알약 및 약물 알림 서비스

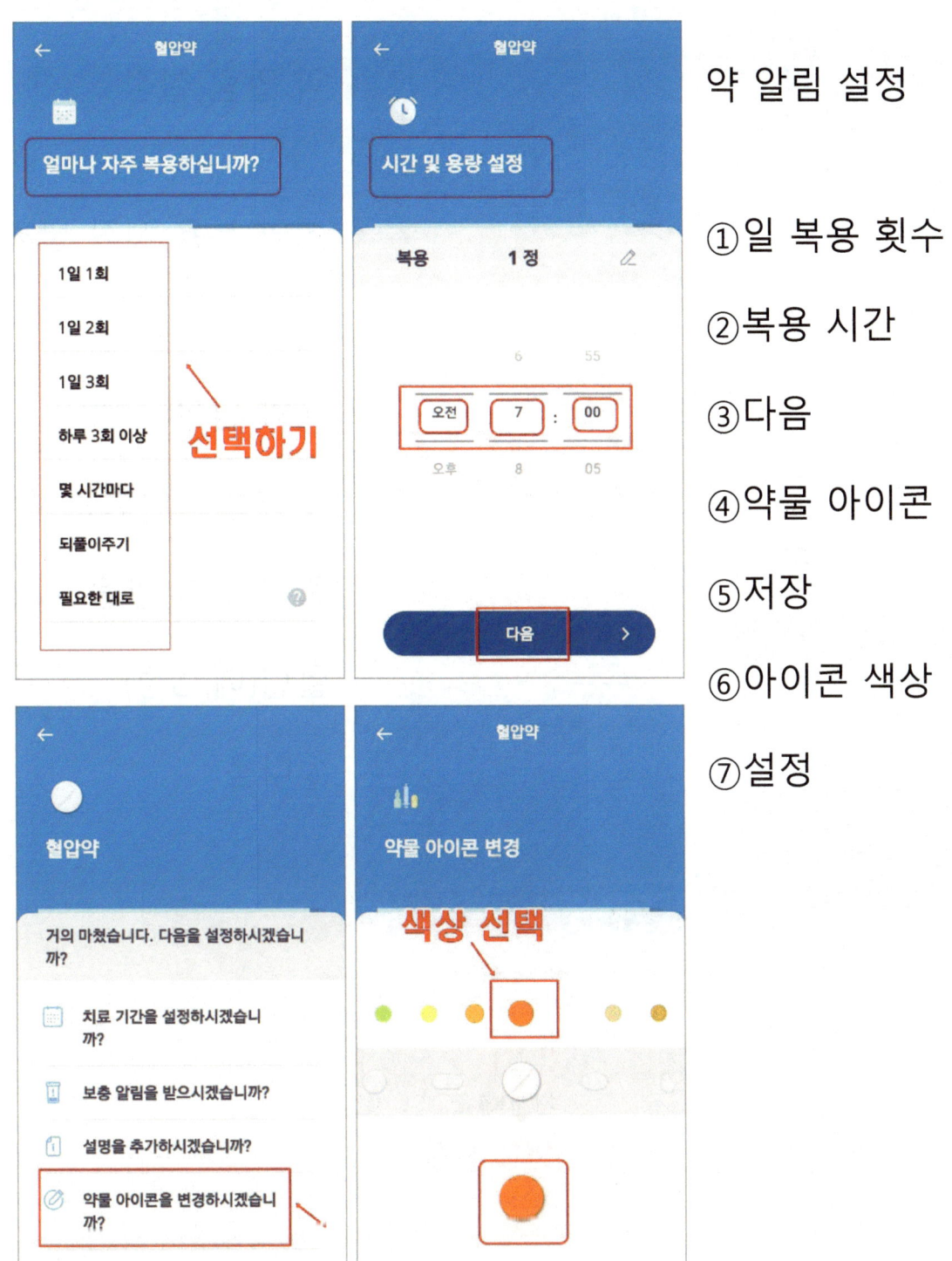

약 알림 설정

① 일 복용 횟수

② 복용 시간

③ 다음

④ 약물 아이콘

⑤ 저장

⑥ 아이콘 색상

⑦ 설정

약 복용 시간에 약병 흔드는 알림이 울립니다.

알약 및 약물 알림 서비스

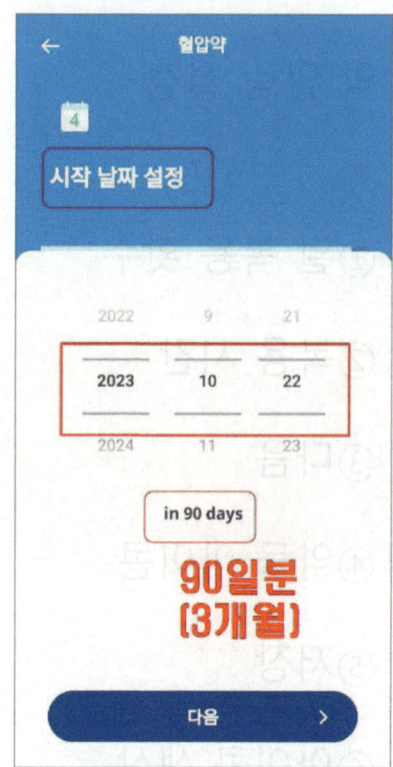
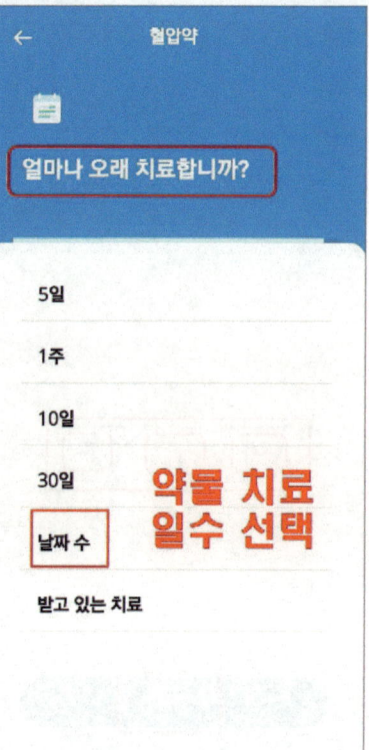

약 알림 설정

① 약 복용 시작 날짜

② 약물 치료 일수

③ 약 남은 수량

④ 약물 남아있는 수량이 얼마 안될 때 알림(예, 5정)

⑤ 다음

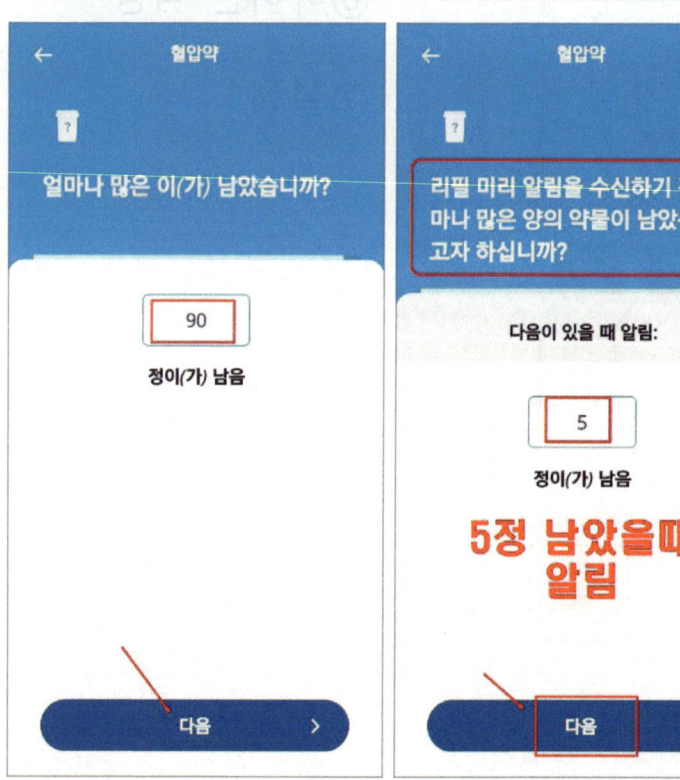

장기 치료를 위한 약 복용 시 알림 설정이 편리합니다.

알약 및 약물 알림 서비스

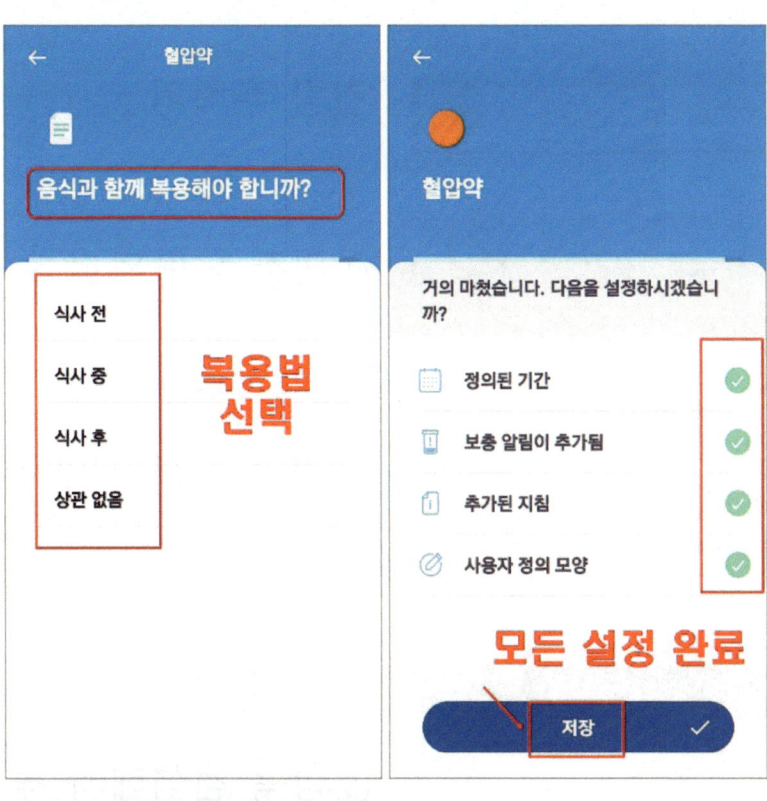

약 알림 설정

① 복용법 선택

② 모든 설정 완료

③ 저장

④ 완료

⑤ 알림 허용

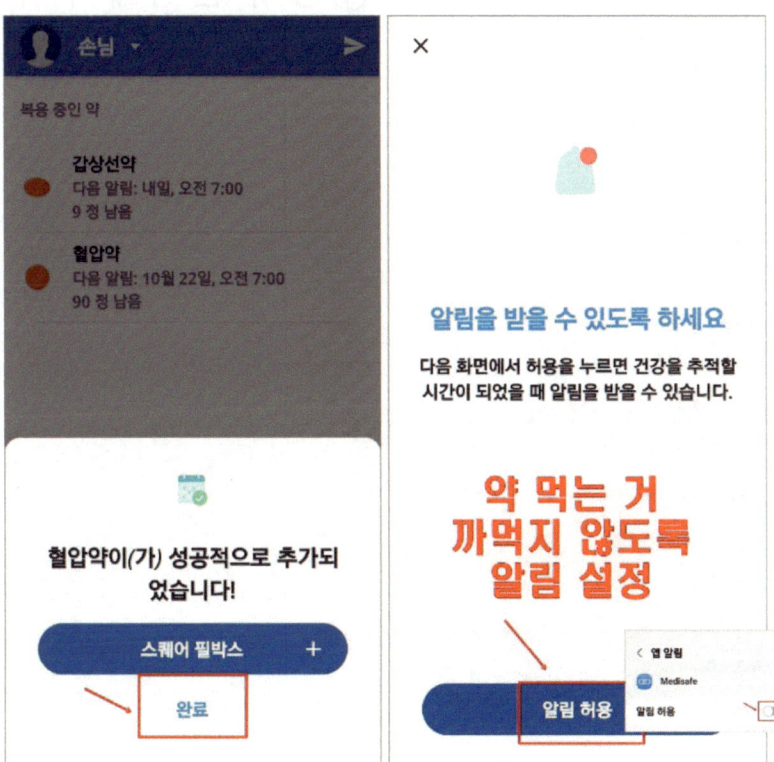

매일 약 먹는 거 까먹지 않도록 알림이 울립니다.

알약 및 약물 알림 서비스

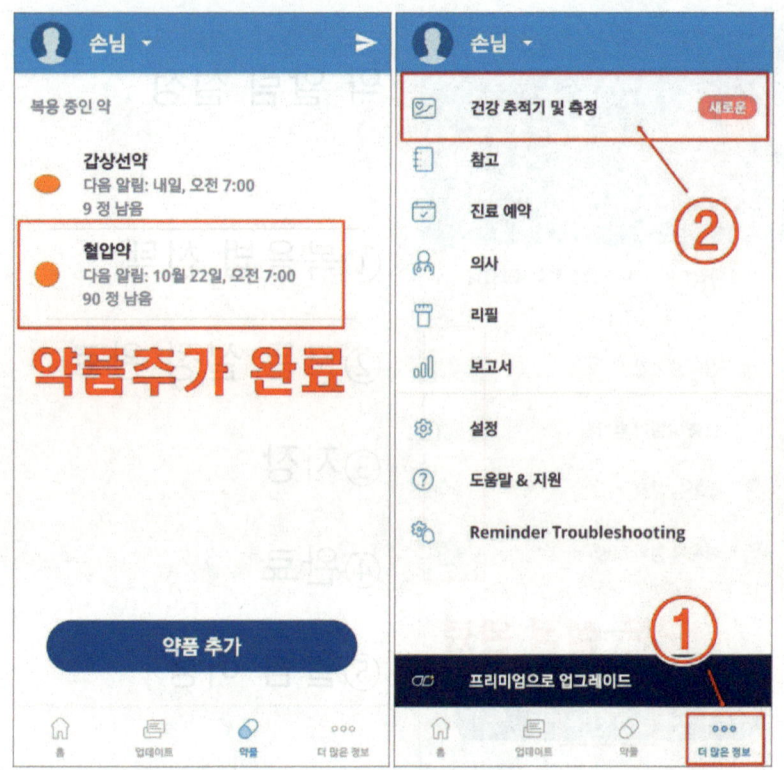

건강 추적기

①약품추가 완료

②더 많은 정보

③건강 추적기 및 측정

④추적 시작

⑤항목 검색해서 체크하기

자신의 건강 상태를 파악하는 용도로 사용

진료 예약 알림 설정

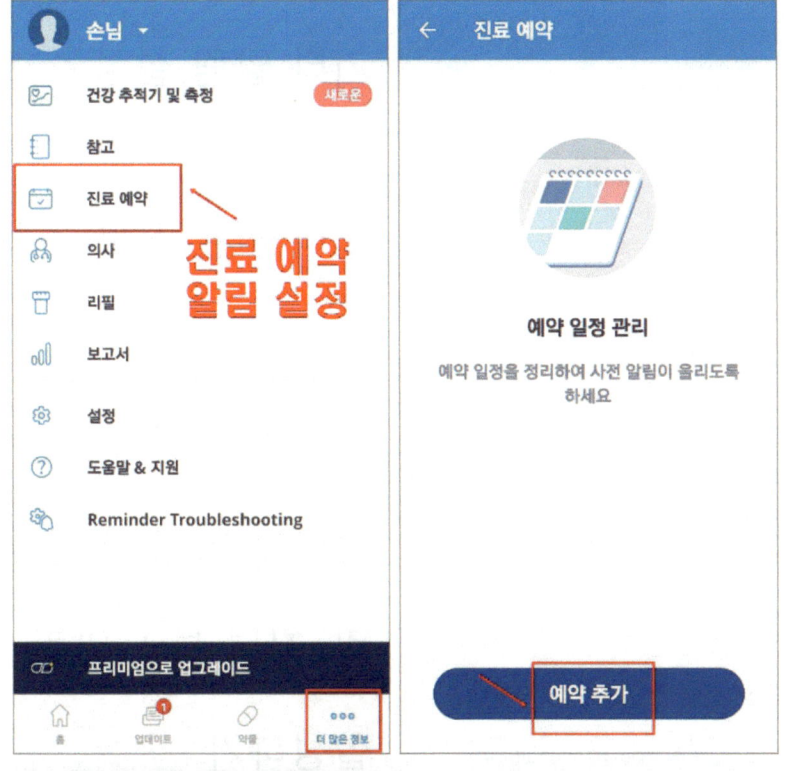

진료 예약 설정

①더 많은 정보 선택

②진료 예약

③예약 추가

④진료 날짜 선택

⑤진료 예약 제목

⑥의사, 날짜, 알림, 병원 이름 입력하기

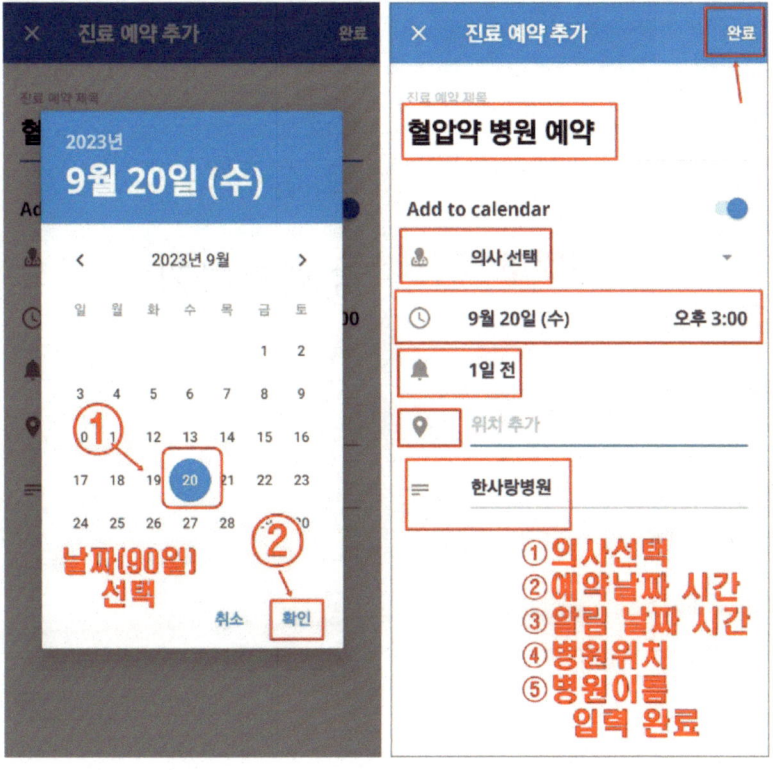

병원 진료 예약 알림 설정으로 잊지 않기

알약 및 약물 알림 설정

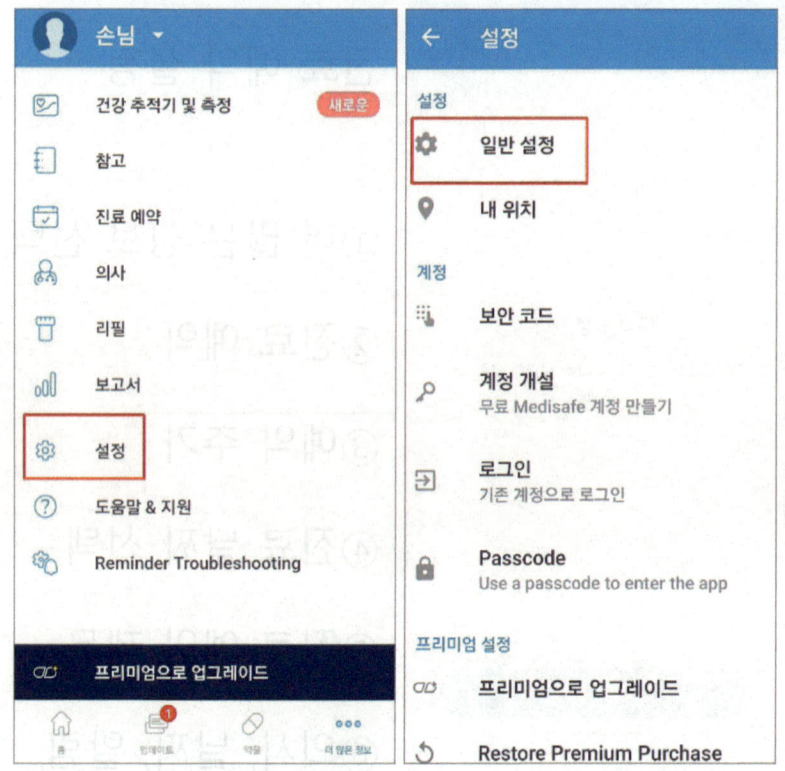

기타 알림 설정

①더 많은 정보 선택

②설정

③일반 설정

④약물 알림, 아침 알림, 저녁 복약 알림 설정하기

⑤알림 내용 차례대로 설정하기

⑥체크하기

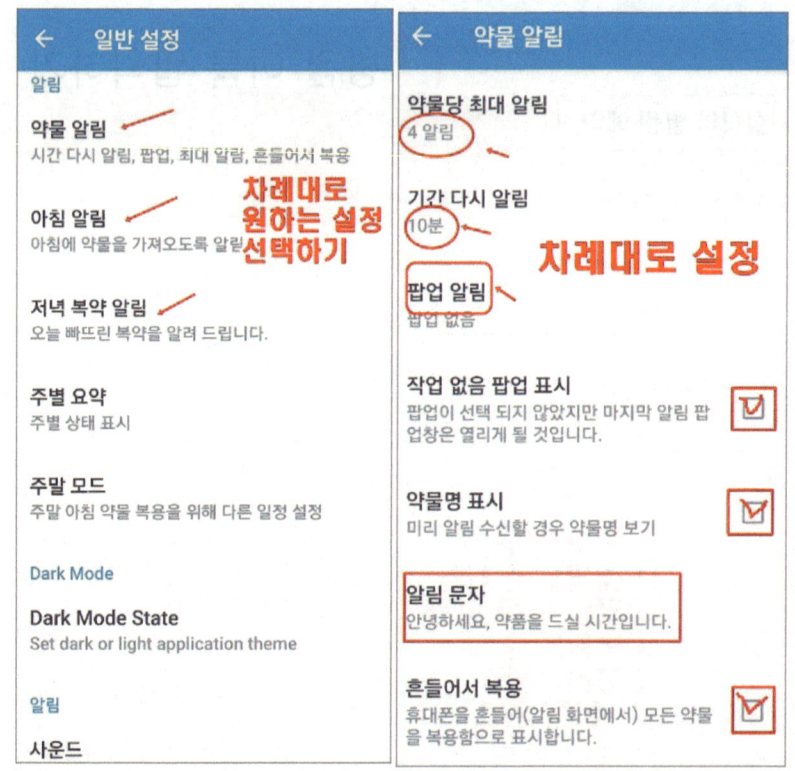

기타 여러가지 설정에서 자신에게 맞는 알림 설정

알약 및 약물 알림

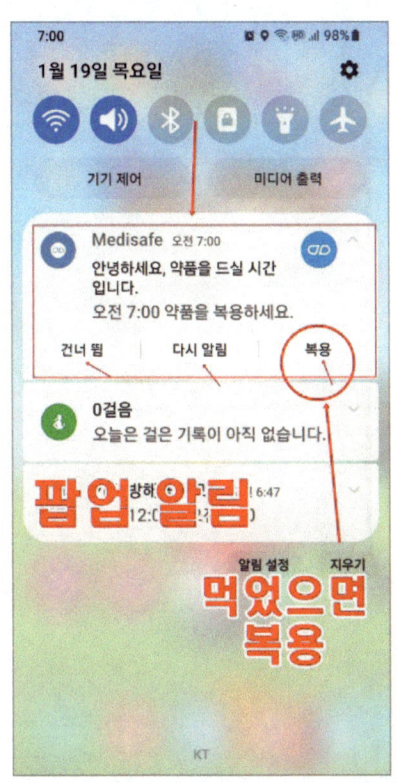

①팝업 알림(약 먹었으면 '복용' 눌러줌)

②아침 알림

③저녁 알림

④주별 요약 확인 가능

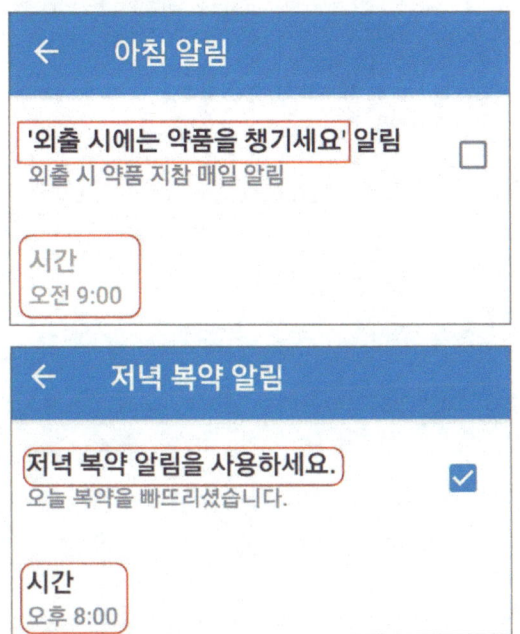

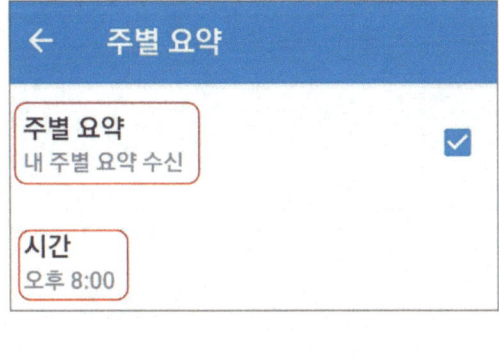

약 복용 알림과 함께 팝업으로 알림이 생성됨

9장

스마트폰만 있으면 혼자서도 잘가요

코레일 기차 예매

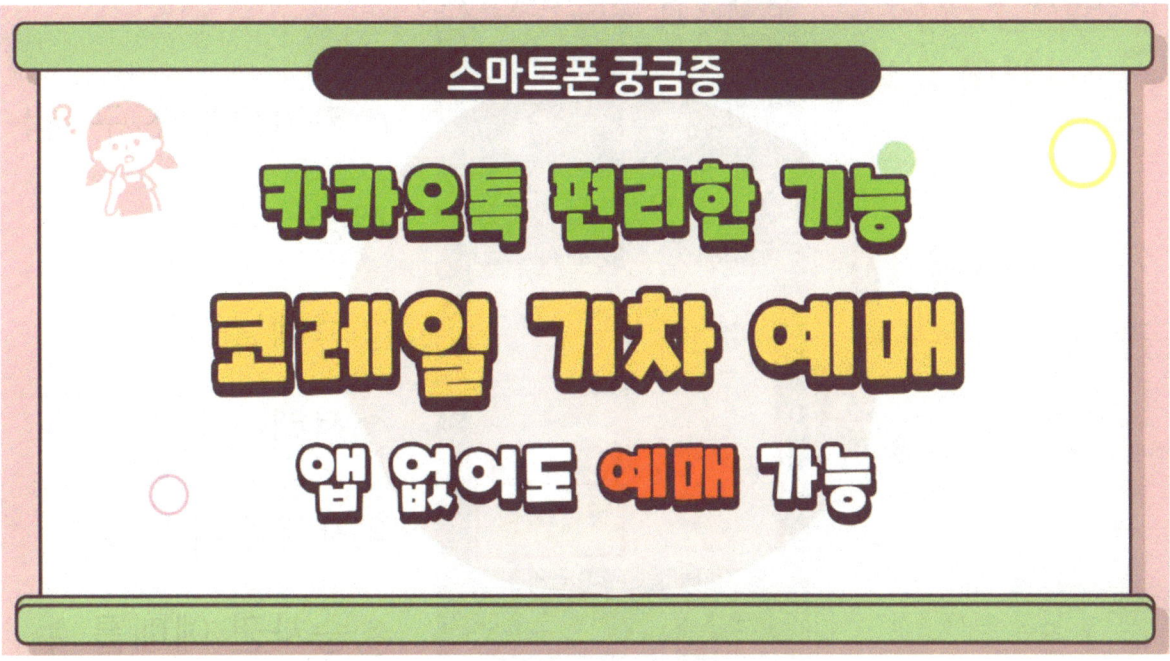

국민 앱 카카오톡에는 편리한 기능이 많이 있습니다. 앱 설치 없이 카카오톡에서 바로 코레일 기차 예매하는 방법입니다.

코레일 홈페이지에서 회원 가입 후 이용해야 하고, 회원번호를 기억해야 하는 불편함 없이 편리하게 이용할 수 있는 기차 예약을 할 수 있습니다.

카카오톡에서 코레일 기차 예매

① 카카오톡(친구) 검색창

② 코레일기차

③ 선택

④ 채널추가

⑤ 승차권 예매를 누르면 '카카오로 간편 로그인' 이 나옴

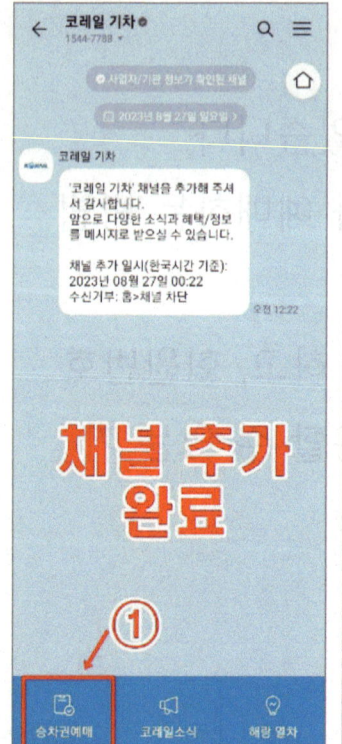

채널추가 후 간편 로그인 해 놓으면 다음에는 바로 사용 가능

코레일 기차 예매

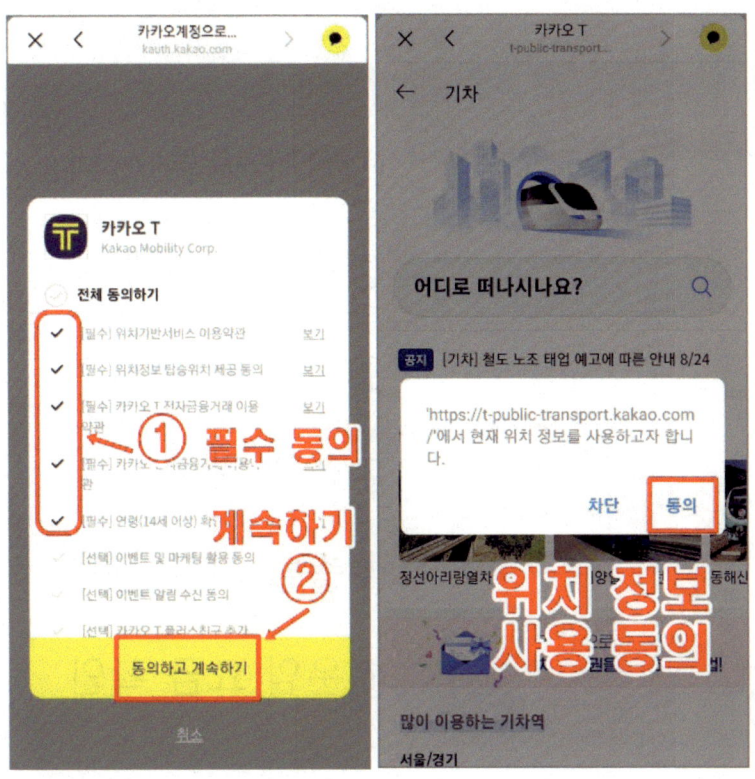

① 필수 동의

(선택 동의 X)

② 동의하고 계속하기

③ 위치 정보 동의

(동의해야 위치 불러오기 가능)

④ 승차권 예매

⑤ 출발 역 검색하여 선택

⑥ 도착 역 검색하여 선택

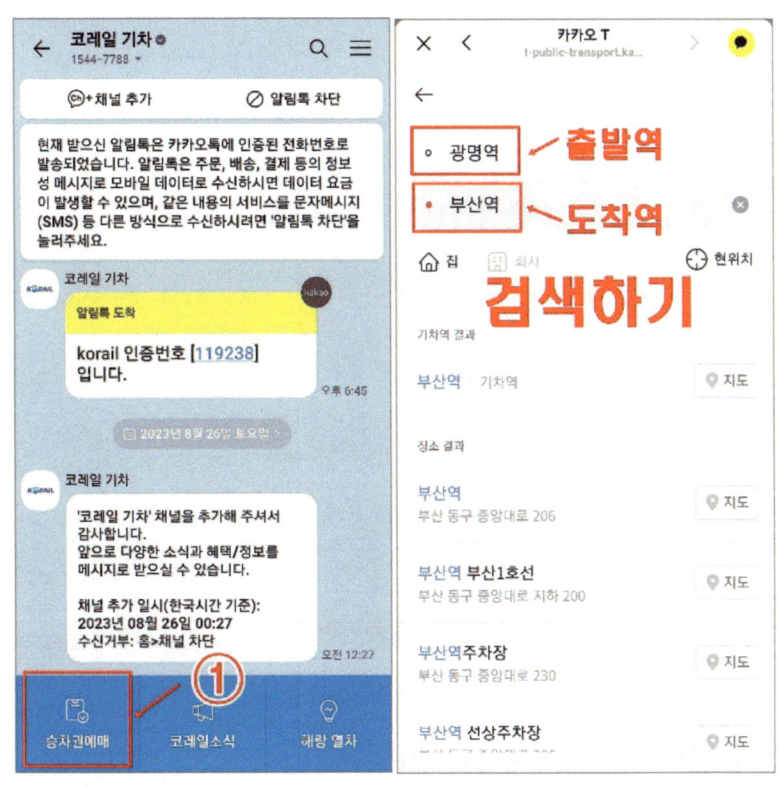

동의함에 체크할 때 선택적 동의(특히 마케팅 동의) 주의함

코레일 기차 예매

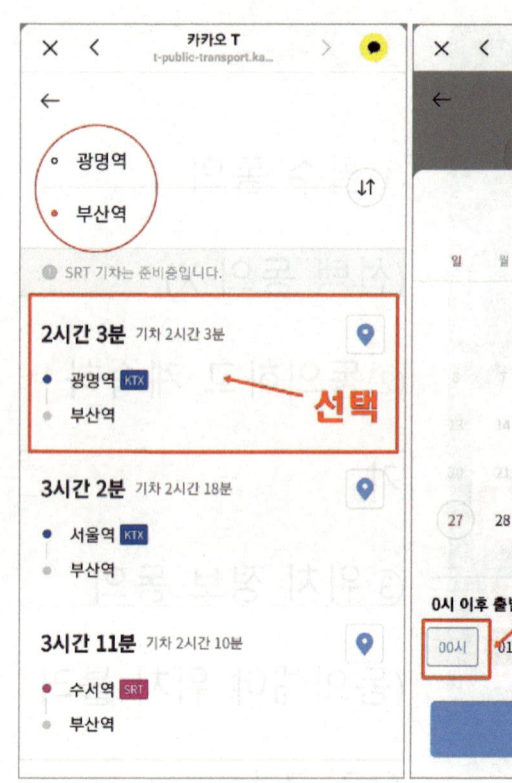

① 열차 종류 선택

② 출발일 선택

③ 이수 출발 시간

④ 선택 완료

⑤ 출발 시간 선택

⑥ 운임 요금 확인

기차 종류 선택에서 출발 시간과 요금이 달라짐

코레일 기차 예매

① 객실 종류 선택

② 탑승 인원 선택

③ 좌석 선택

(순방향, 역방향, 호실 선택하기)

④ 결제하기

⑤ 열차시간, 좌석, 금액 확인

⑥ 동의하고 결제하기

카드 또는 카카오페이로 결제 가능

코레일 기차 예매

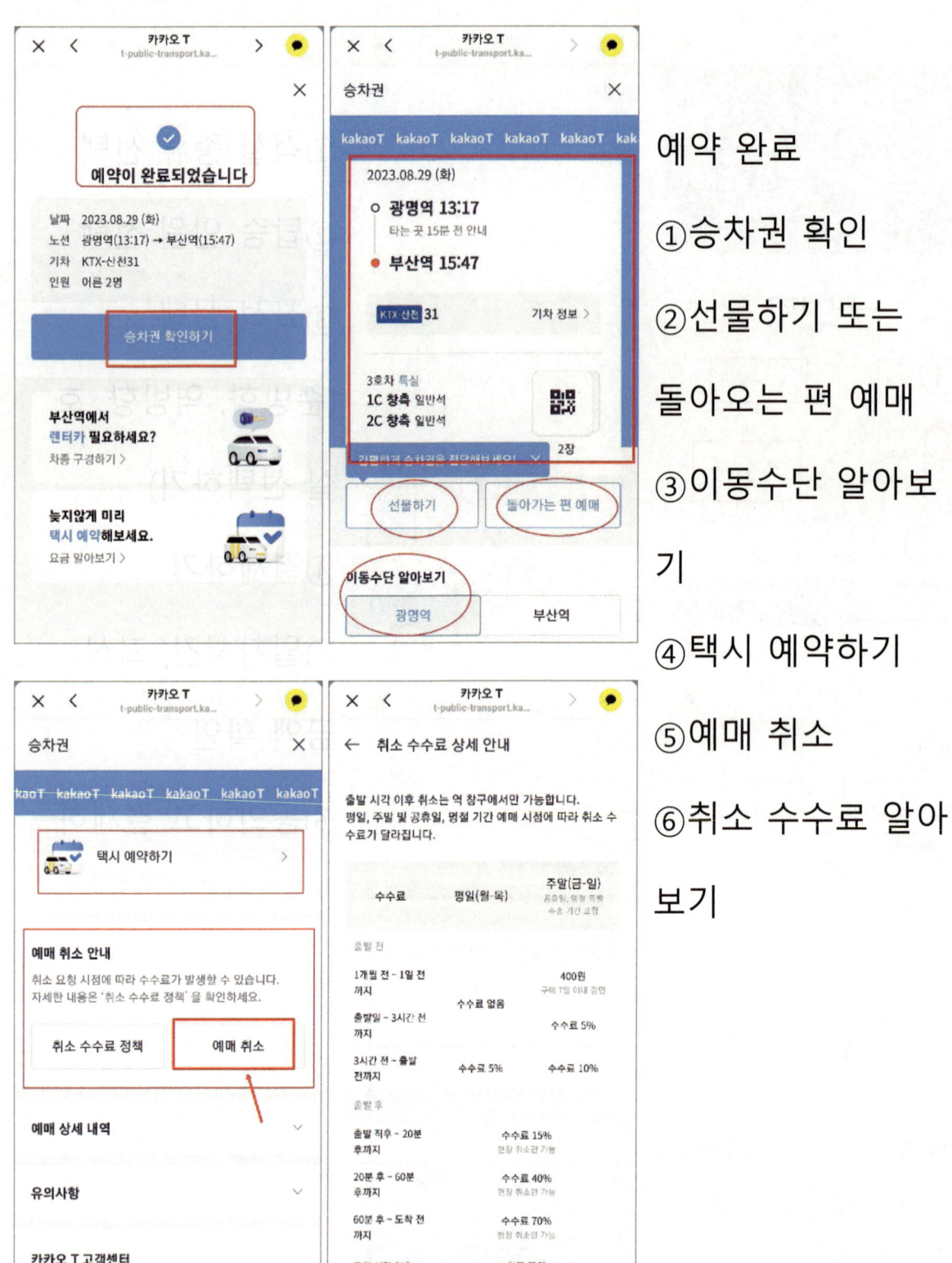

예약 완료

①승차권 확인

②선물하기 또는 돌아오는 편 예매

③이동수단 알아보기

④택시 예약하기

⑤예매 취소

⑥취소 수수료 알아보기

도착 역에서 이동할 수단으로 택시 예매까지 가능함

코레일 기차 예매

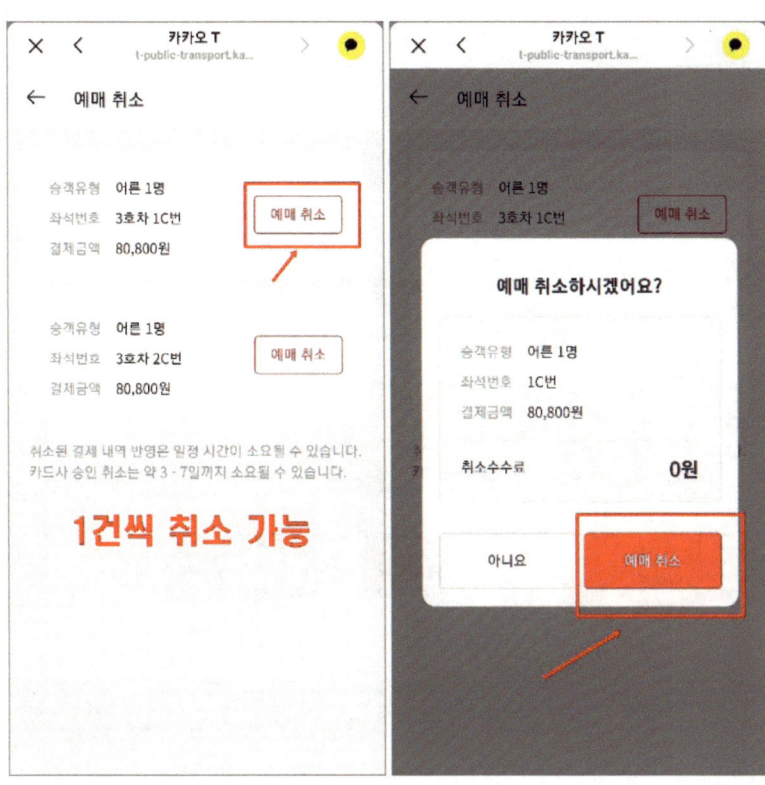

예약 취소

① 예매 취소 선택

② 1건 씩 취소 가능

③ 재 예매 가능

예매 취소하고 재 예매 가능

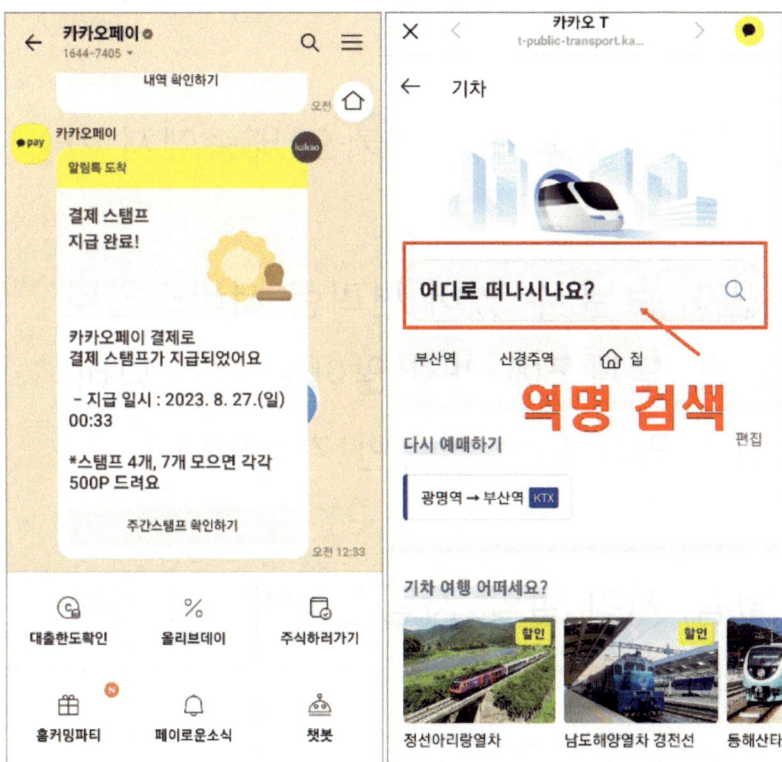

앱 없이도 카카오톡에서 열차 예매 가능

카카오 배송 – 방문택배 서비스

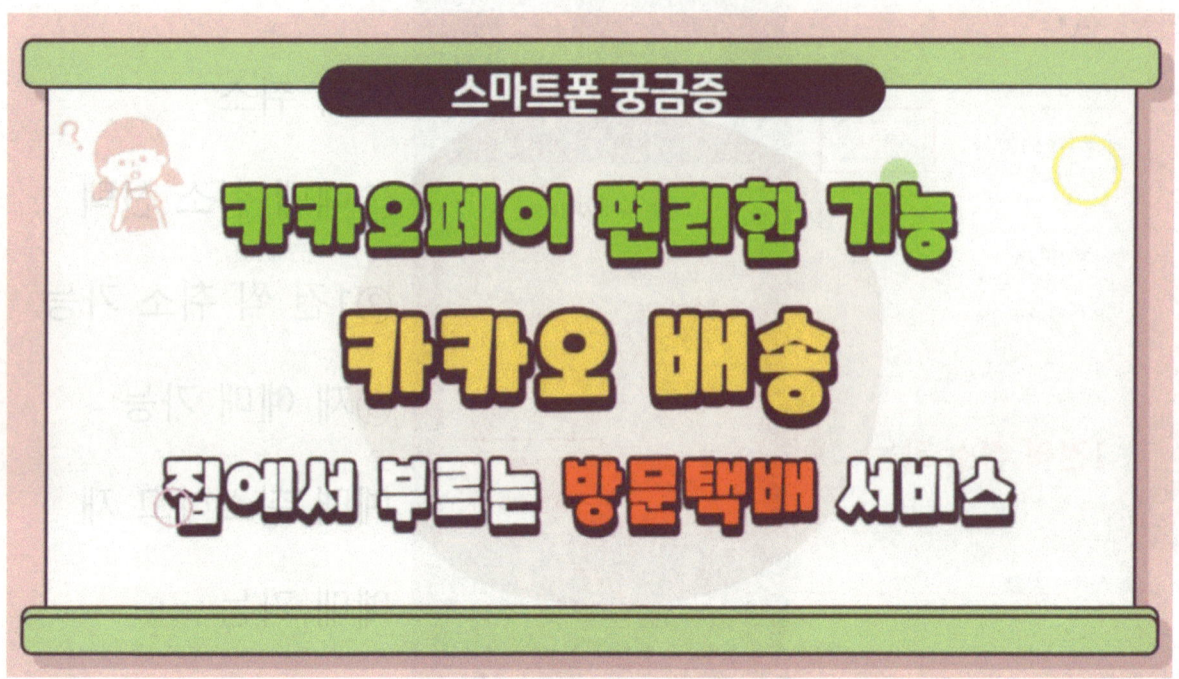

집에서 부르면 오는 방문택배 서비스가 카카오 배송에서 가능합니다.

사업자가 아니어도 개인이 보낼 수 있어 편리한 서비스입니다. 직접 택배사나 편의점, 우체국에 가지 않아도 시간 낭비 없이 택배를 보낼 수 있어 알아 두면 이득인 기능입니다.

무거운 짐 들을 필요 없음, 시간 절약, 저렴한 비용으로 '일석삼조' 효과를 가져옵니다.

카카오배송 - 방문택배

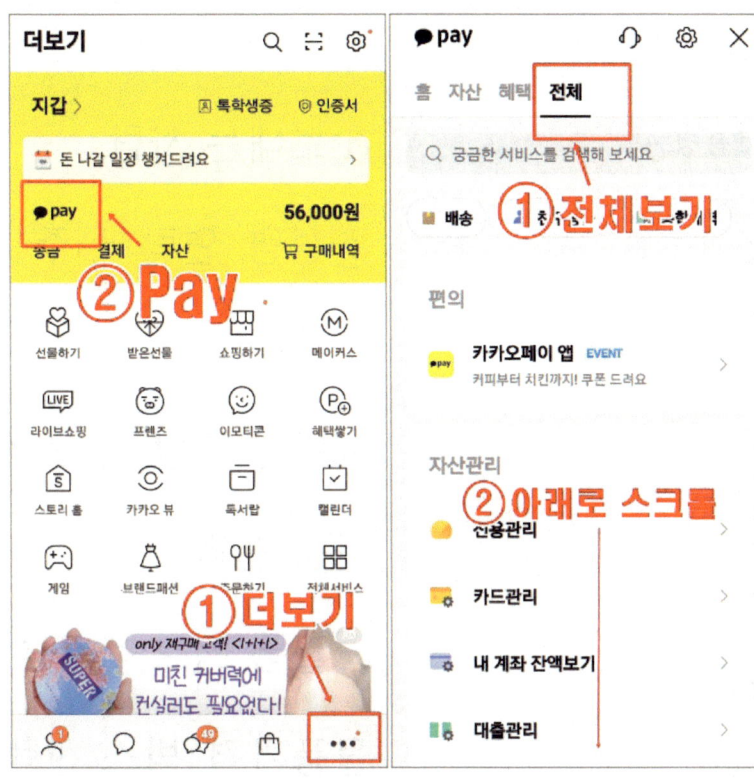

①카톡 '더보기'

②Pay

③전체(아래로 내림)

④더보기 폴더

⑤배송

⑥방문택배 선택

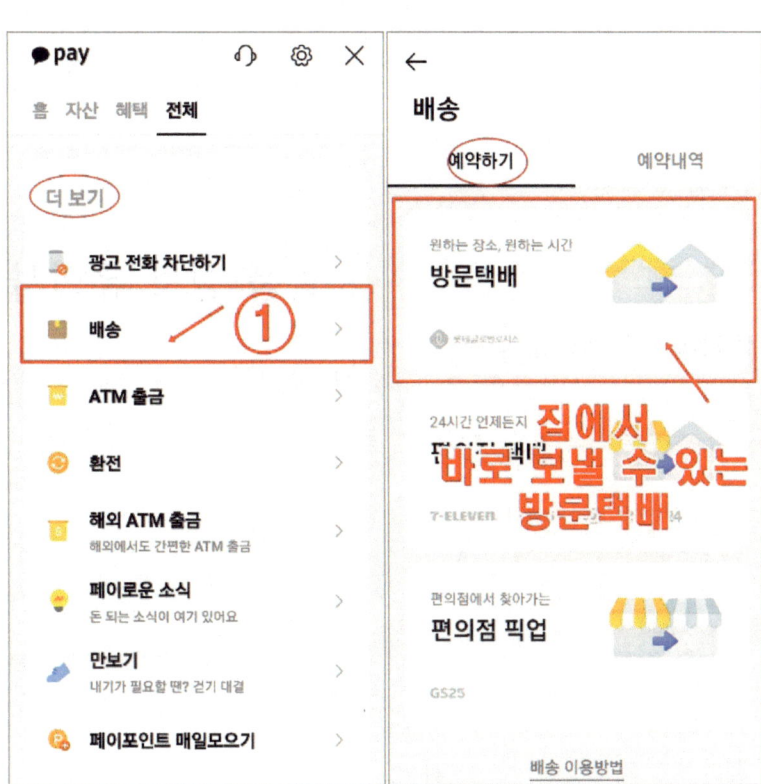

방문택배 예약 카카오톡에서 가능합니다.

카카오배송 - 방문택배

① 보내는 사람

② 성명, 연락처, 주소 입력

③ 방문 희망일, 요청사항 선택

④ 물품 정보(물품명, 물품가격, 박스 선택)

⑤ 받는 사람 인적사항 입력

⑥ 물품 정보 유의사항 확인

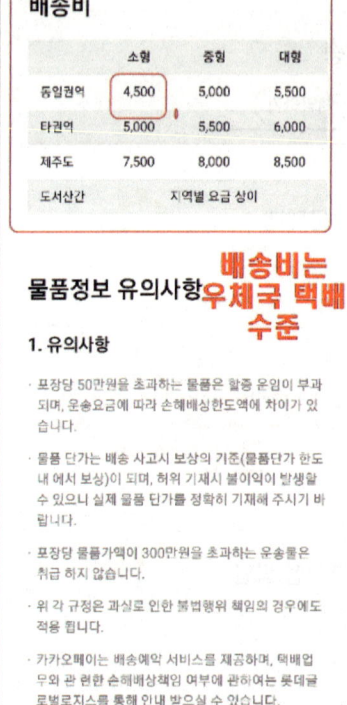

보내는 사람 인적사항, 받는 사람 인적사항 정확하게 기재해야 합니다. 입력 후 배송비 확인

카카오배송 - 방문택배

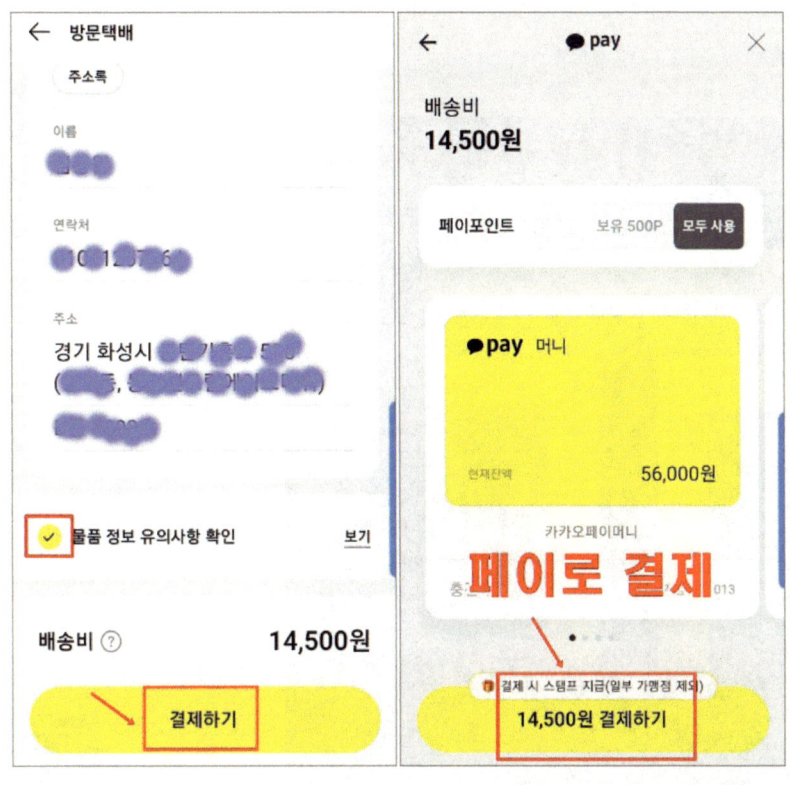

①결제하기

②카카오 페이로 결제(또는 카드결제)

③확인

④택배 요청 완료

간편하게 택배 요청 완료. 처음에만 어려워요.

카카오택시

전국에서 이용 가능한 간편 택시 호출 서비스로 원하는 택시를 자유롭게 선택하여 이용 가능합니다.

택시 예약 뿐만 아니라, 주차, 대리, 퀵서비스, 렌터카 예약 등의 서비스도 함께 이용 가능한 **'카카오 T'** 앱입니다.

시니어 분들이 가장 많이 궁금해했던 앱이 카카오택시 부르기였습니다. 잘 배워 두면 카카오택시 호출을 자녀에게 요청하지 않아도 혼자 할 수 있습니다.

카카오택시

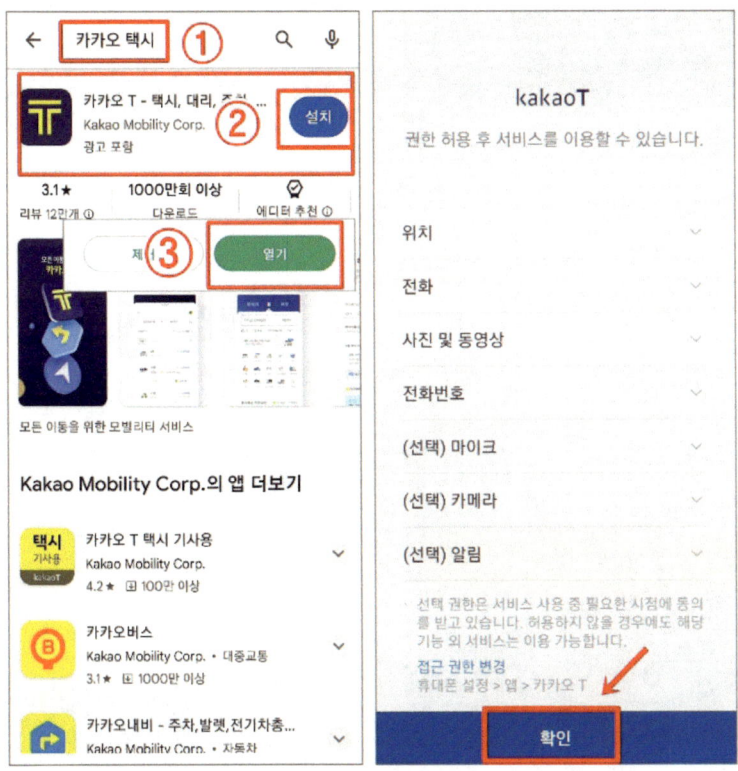

Play 스토어

①카카오 택시 검색

②앱 설치

③열기

④사용동의

⑤위치, 사용 중에만 허용

⑥알림허용

⑦액서스 권한 허용

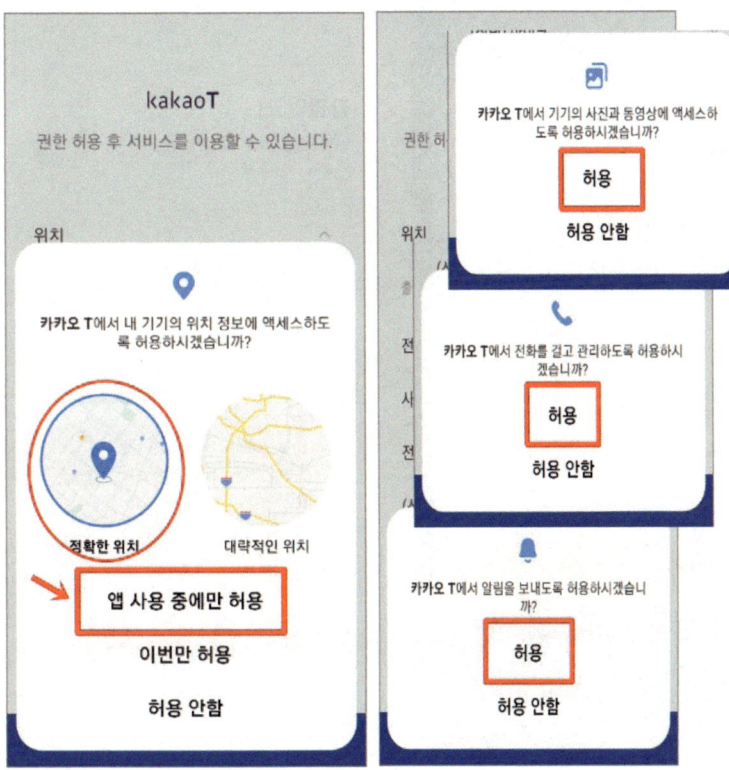

권한 허용 필수 동의: 위치(찾아갈 곳 위치 때문), 전화(연락), 사진 및 동영상(리뷰), 알림(선택이지만 결제내역, 긴급상황 알림에 유용함

카카오택시

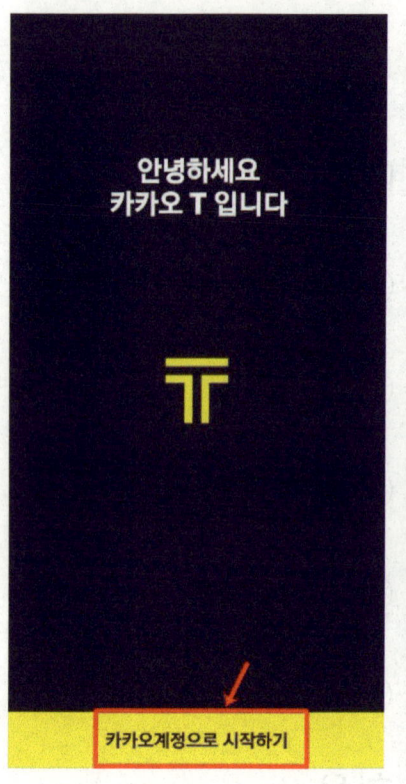
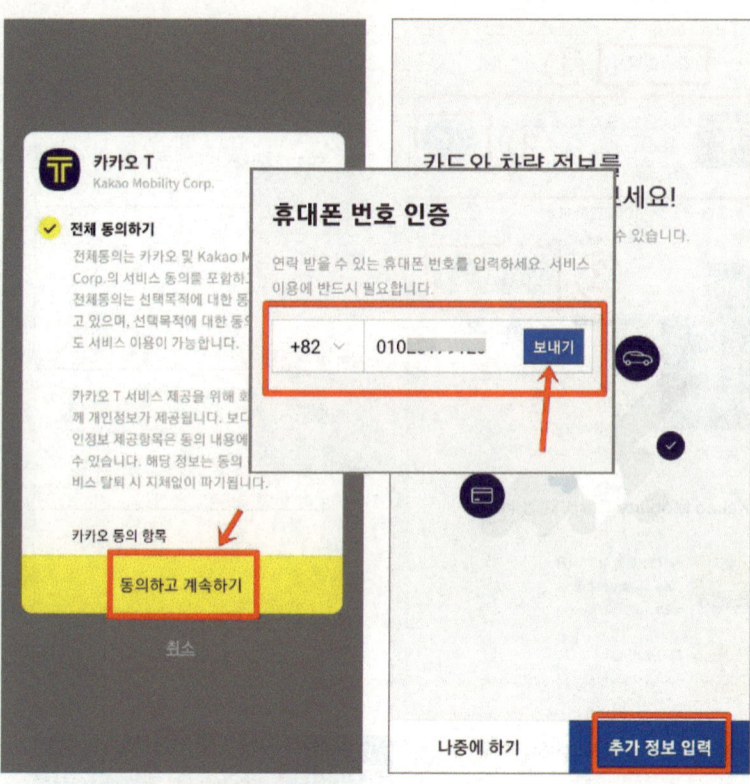
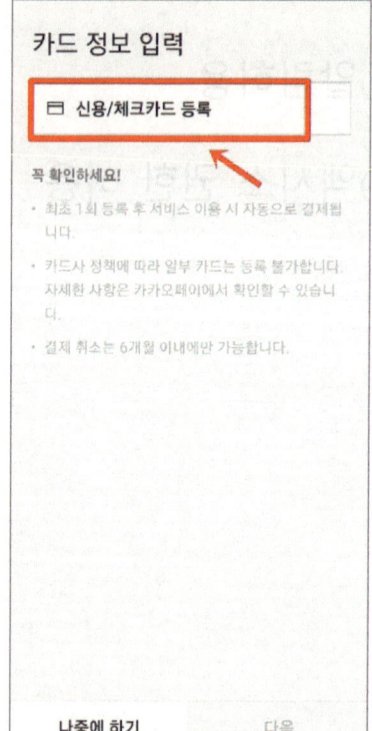
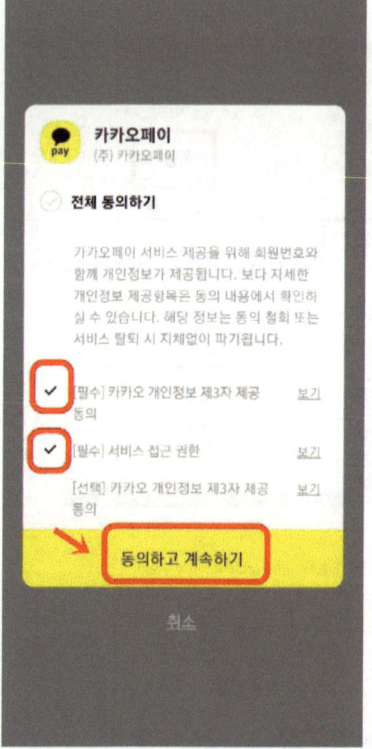
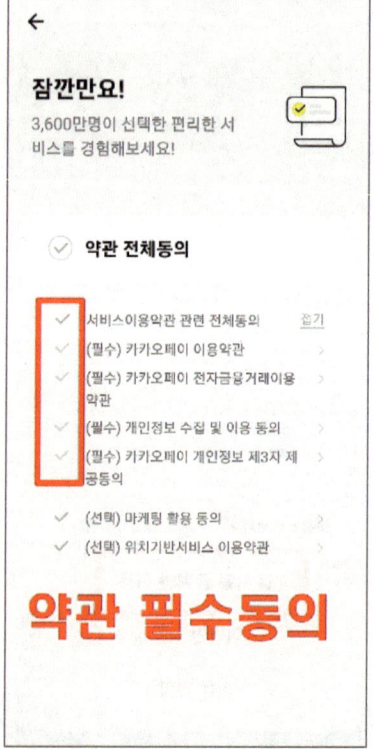

카카오 계정으로 시작하기 – 동의 하기 – 인증하기 – 추가정보 입력 - 신용카드 등록 – 접근 필수 동의 - 약관 필수 동의

카카오택시

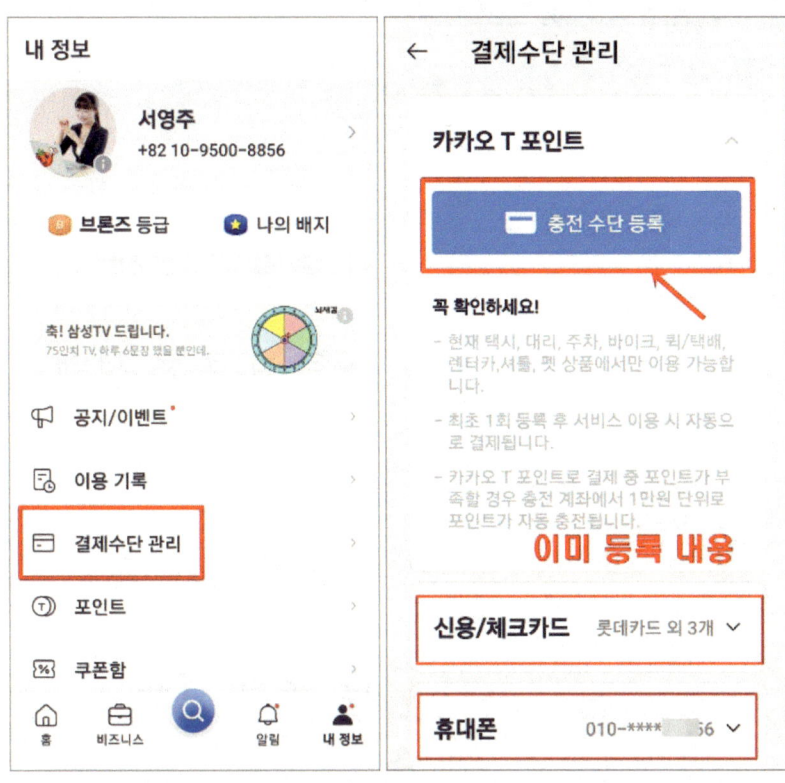

① 결제수단 관리

② 충전 수단 등록

③ 카드 추가하기

④ 가야 할 곳 입력

⑤ 도착지 선택

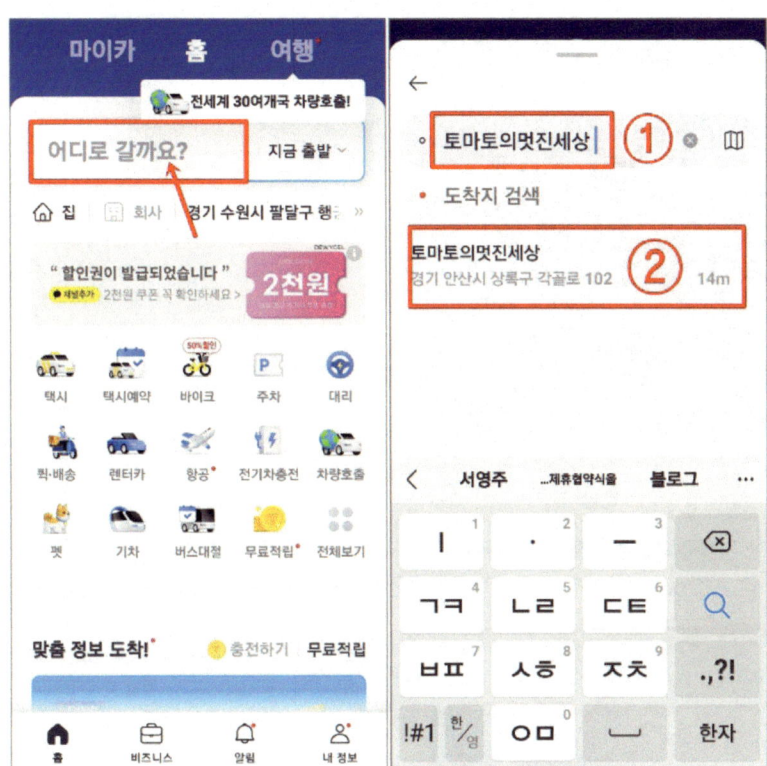

결제수단 등록 해 두면 다음에는 바로 사용 가능합니다..

카카오택시

① 출발지 검색

② 택시 종류 선택

③ 호출하기

④ 자동결제 콜

⑤ 호출 완료

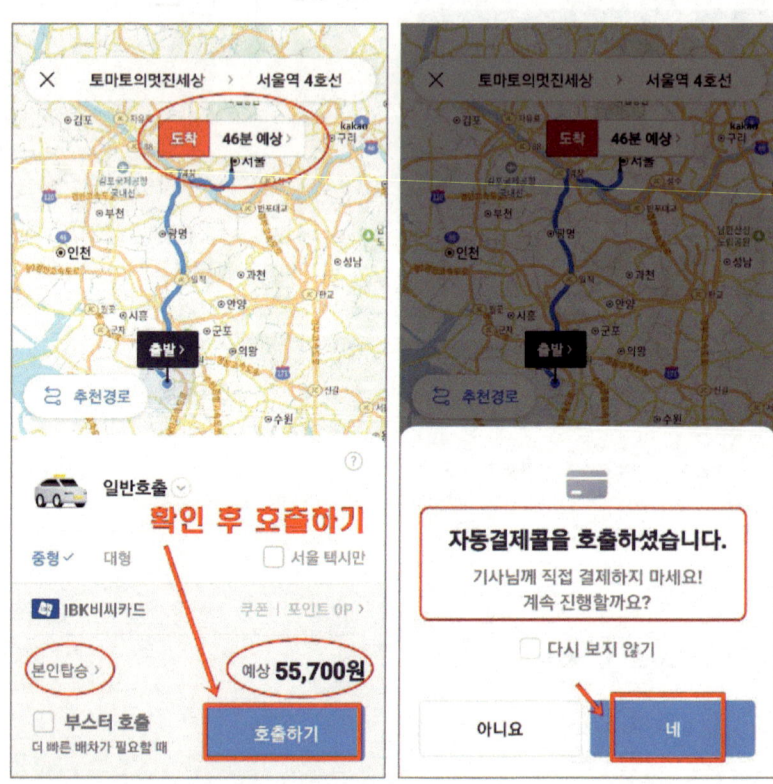

목적지에 도착하면 자동결제됨(카드, 현금이 필요 없음)

알고 나면 정말 편리합니다.
배워보면 알게 됩니다.

디지털 리터러시 스마트폰 활용 교재

저자 : 서영주

SNS 마케팅, 디지털 리터러시

토마토의멋진세상 서영주 강사

- 토마토의멋진세상 / 해피트리교육원 디지털센터 / 서영주온라인마케팅연구소 대표
- 평생교육사, 경영학사 마케팅 전공
- (주)삼진엘앤디 상무이사, (주)토마토 대표이사, (주)삼성반도체
- SNS마케팅 교육, SNS 코칭, SNS 관련 교육(기업, 학교, 단체, 개인)
  기업 & 신제품 마케팅, SNS 강사양성

- 저서 『생초보, SNS 마케팅 하루만에 끝장내기』
  『서영주의 SNS CCTN 법칙』
  『이제 스마트폰으로 디자인한다』 전자책
  『쉽게 따라 하는 스마트폰 활용 방법』
  『디지털 리터러시 스마트폰 활용 교재』
- 19년차 블로거: 토마토의 멋진세상, 서토마토 블로그
  카페: 토마토의멋진세상, 쇼핑몰(욜로토마토)

-교육 분야
블로그, 페이스북, 인스타그램, 유튜브 등 SNS 전방위 마케팅,
스마트스토어, 그립, 쿠팡, 톡스토어 등 온라인쇼핑몰, 라이브커머스,
스마트폰활용, 키오스크, 디지털 리터러시 교육, SNS 운영 노하우
PC 디자인 프로그램, 이미지 편집, 동영상 제작, 홈페이지 제작,
스마트플레이스 등 다양한 네이버 플랫폼 활용 방법, 강사 양성

010-9500-8856

저자 : 서승미

SNS 마케팅 & 디지털 리터러시

SNS 마케팅 전문 대표 강사

해피트리교육원 서승미 강사

- 해피트리교육원 대표
- 토마토의멋진세상 대표 강사
- 핵심인재평생교육원 전임 교수
- 행복한나무 체험문화원 수석 강사
- 한국미디어코칭협동조합 파트너 강사
- 공공기관, 기업체, 대학교, 소상공인협회 등 다수 출강 경력
- 전주대학교 평생교육원 "SNS 소셜 마케팅"과정 출강외
  대학교, 공공기관, 소상공인 협회 등 다수 출강 경력 보유

- 저서: 생초보, SNS 마케팅 하루만에 끝장내기
       디지털 시대 스마트폰 활용 지침서
       쉽게 따라 하는 스마트폰 활용 방법
       디지털 리터러시 스마트폰 활용 교재

- 강의 분야: 블로그, 페이스북, 인스타그램 등 SNS 마케팅
  SNS 관련 앱 활용 동영상, 이미지 제작, 유튜브, 밴드
  스마트폰활용, 키오스크, 디지털리터러시 지도사 양성

  010-9557-3493

해피트리교육원

스마트폰 활용 잘 하는 방법

- 책을 읽으면서 직접 해본다.
- 배우는 즉시 바로 복습한다.
- 내가 아는 사람에게 알려준다.
- 응용해서 만들어 본다.
- 이 책은 기본 사용만 있으니 다른 메뉴도 혼자 해본다.
- 주문하기, 선물하기, 이용하기를 직접 해본다.
- 계속 사용해야 할 것들은 책갈피를 해 놓는다.
- 자세히 알고 싶은 것은 '토마토의멋진세상' 블로그에서 검색해서 찾아본다.
- 궁금한 것이 있으면 서영주 강사 이메일 또는 블로그, SNS에 댓글을 남긴다.
- 많이 해 본 사람이 잘할 수 있다.